이런저런

집

이런저런 집

글 신현수 | **그림** 노준구 | **감수** 김태훈
펴낸날 2018년 10월 5일 초판 2쇄
펴낸이 김상수 | **기획·편집** 위혜정, 서유진, 조유진 | **디자인** 문정선, 조은영 | **영업·마케팅** 황형석, 김송이
펴낸곳 루크하우스 | **주소** 서울시 성동구 아차산로 143 성수빌딩 208호 | **전화** 02)468-5057~8 | **팩스** 02)468-5051
출판등록 2010년 12월 15일 제2010-59호
www.lukhouse.com cafe.naver.com/lukhouse

© 신현수 2018
저작권자의 동의 없이 무단 복제 및 전재를 금합니다.

ISBN 979-11-5568-319-4 74300
ISBN 979-11-5568-302-6 (세트)

※ 잘못된 책은 구입처에서 바꾸어 드립니다.
※ 값은 뒤표지에 있습니다.

상상의집은 (주)루크하우스의 아동출판 브랜드입니다.

이런저런 집

상상의집

차례

프롤로그 일곱 개의 열쇠로 만나는 집 이야기 • 6

첫 번째 열쇠, 생존을 위한 집

인류 최초의 집, 동굴 • 14
들고 다니는 집 • 18
신석기 시대 농부의 집 • 21
불에 구워 단단한 흙벽돌집 • 24
생각해 볼 거리 현대인은 왜 이사할까? • 26

두 번째 열쇠, 자연환경에 맞춘 집

북극 지방의 얼음집, 이글루 • 30
쇠똥의 기막힌 변신 • 33
더위와 습기, 물러가라! • 36
눈의 집, 해의 집 • 39
자연에 안긴 흙집, 한옥 • 43
생각해 볼 거리 집에서 행복할 권리 • 46

세 번째 열쇠, 신분의 상징, 화려한 집

로마 귀족의 화려한 사생활 • 50
이탈리아 상인의 집 욕심 • 53
으리으리, 99칸 조선 기와집 • 56
왕의 집, 궁전 · 궁궐 • 60
생각해 볼 거리 집이 어디세요? 어디 사세요? • 64

네 번째 열쇠, 아픈 역사를 담은 집

- 잉카인의 눈물에 띄운 집 • 68
- 어둠을 밝히는 믿음의 빛 • 70
- 하얀 집 잔혹 동화 • 74
- 문화 주택, 아픈 시대의 멋진 꿈 • 78
- 생각해 볼 거리 전통 한옥은 다 어디로 갔을까? • 82

다섯 번째 열쇠, 따로 또 함께 사는 집

- 인슐라와 로마 제국의 역사 • 86
- 핏줄끼리 똘똘 뭉쳐 지은 집 • 90
- 노동자의 행복을 위해 • 92
- 한국 아파트의 무한 변신! • 95
- 각양각색, 세계의 빌라 • 99
- 생각해 볼 거리 대도시 집값은 왜 비쌀까? • 102

여섯 번째 열쇠, 높이 더 높이, 하늘 향해 솟은 집

- 바벨탑, 하늘을 향한 인간의 욕망 • 106
- 인간을 높이 들어 올린 상자 • 109
- 누가 누가 더 높나, 세계의 마천루 • 113
- 서울의 상징이 된 롯데월드타워 • 118
- 생각해 볼 거리 옥상 집의 두 얼굴 • 122

일곱 번째 열쇠, 환경과 미래를 생각하는 집

- 태양의 도시 • 126
- 느리게 사는 행복 • 130
- 작게 더 작게, 초소형 주택 • 132
- 똑똑한 집, 스마트 홈 • 137
- 생각해 볼 거리 집이 건강해야 사람도 건강하다! • 140

에필로그 소중한 집, 소중한 가족 • 142

참고 자료·사진 출처 • 148

일곱 개의 열쇠로 만나는 집 이야기

엄마의 잔소리가 온 집 안에 쩌렁쩌렁 울려 퍼졌어.

"케빈! 장난감 좀 치워라. 내가 못 살아!"

큰형도 붉으락푸르락한 얼굴로 나를 윽박질렀지.

"너, 내 비밀 상자 열어 봤지? 대왕 거미 밥이 되어 봐야 정신을 차릴래?"

나는 너무 억울해서 소리쳤어.

"내가 그런 거 아니라고! 왜 나만 갖고 그래?"

거실에 장난감을 늘어놓은 건 작은형이거든! 큰형 비밀 상자에는 손도 안 댔다고. 하지만 엄마는 전화를 하느라 내 말은 듣지도 않았어. 큰형도 나를 노려보더니 어디론가 가 버렸지.

그때 2층에서 큰누나가 내려오며 목청을 높였어.

"케빈! 너 내 방에서 과자 먹었지? 침대가 온통 과자 부스러기야!"

나는 정말 폭발할 것만 같았어. 아까 작은누나가 큰누나 침대에서 과자 먹는 걸 똑똑히 봤거든. 그런데 변명할 새도 없이 작은누나가 이러지 뭐야?

"말썽꾸러기! 케빈, 너 같은 문제아는 없을 거야!"

아빠까지 고개를 절레절레 저었어.

"작년 이맘때 잠깐 철이 든 것 같더니 도로 그대로구나."

나는 화가 나서 쿵쾅쿵쾅 발소리를 내며 내 방으로 갔어. 크리스마스이브에 가족한테 구박받는 아이는 나뿐일걸? 그래서 이불을 푹 뒤집어쓴 채 소원을 빌었지.

"산타 할아버지, 가족이 몽땅 사라지게 해 주세요. 나 혼자 살고 싶어요!"

그러다 깜빡 잠이 들었는데, 조금 뒤 깨어나니 온 집 안이 조용하지 뭐야? 살금살금 나가서 방이란 방은 다 열어 보았지. 헉, 이게 웬일? 집 안엔 나 말고 아무도 없었어.

"우아! 가족이 모두 사라졌어. 산타 할아버지, 고맙습니다!"

나는 기뻐서 집 안을 폴짝폴짝 뛰어다녔어. 딱총 놀이도 하고, 치즈피자도 시켜 먹고, 형들이랑 누나들 물건도 맘껏 갖고 놀았지.

그런데 한밤중이 되어 깜깜해지니 조금 무서워졌어. 방마다 불을 환히 밝히고 캐럴도 크게 틀어 놓았지.

갑자기 창밖에 수상한 그림자 두 개가 어른거렸어. 문틈으로 살펴보니 글쎄 남자 둘이서 우리 집을 기웃거리는 게 아니겠어?

"케빈이 혼자 있는 게 분명해. 작년처럼 방마다 불을 켜고 캐럴도 크게 틀어 놓았잖아?"

8　　🔑 프롤로그

"맞아. 당장 쳐들어가서 복수하자. 케빈, 넌 오늘 죽었다!"

맙소사! 작년 크리스마스에 나 홀로 집에 있을 때, 우리 집을 털러 왔던 도둑들이 다시 온 거였어! 그때 내가 경찰에 신고해서 잡혀갔는데 그새 풀려났나 봐.

곧 현관문을 박차고 도둑들이 쳐들어왔어. 난 잽싸게 밖으로 뛰쳐나갔지. 작년처럼 작전 짤 시간도 없고, 아무래도 바깥이 안전할 것 같았거든. 도둑들은 고래고래 소리를 지르며 뒤쫓아 왔어.

나는 길을 헐레벌떡 뛰어가며 밤하늘을 향해 빌었어.

"산타 할아버지! 제발 저를 구해 주세요! 저 도둑들한테 잡히면 큰일 나요!"

그러자마자 산타 할아버지가 쌩 나타나서 눈썰매에 나를 태웠어. 루돌프 사슴이 끄는 눈썰매는 밤하늘로 붕 떠올랐고, 도둑들은 나를 올려다보며 발만 동동 굴렀지.

나는 감사하다고 인사했어. 그런데 산타 할아버지가 이러지 뭐야?

"케빈, 마침 일손이 달렸는데 날 좀 도와주지 않으련? 나와 함께 세계의 집을 돌아다니며 아이들한테 크리스마스 선물을 나눠 주면 어떻겠니?"

눈썰매를 타고 밤하늘을 나는 것만으로도 재미난데, 산타 할아버지랑 일을 하게 되다니! 나는 너무너무 신이 났어.

"우아! 그럼 굴뚝도 탈 수 있는 거죠?"

내 물음에 산타 할아버지는 열쇠 일곱 개가 달린 꾸러미를 차르랑 차르랑 흔들어 보였어.

"아니, 난 열쇠로 문을 따고 들어간단다. 굴뚝을 타기엔 너무 뚱뚱해져서 말이지. 요즘엔 굴뚝 없는 집도 많고……."

"에이, 굴뚝 타고 싶었는데……. 근데 할아버지를 돕고 나면 집으로 데려다줄 거지요?"

"아무렴. 그런데 조건이 있다. 아이들한테 선물을 나눠 줄 때마다 내가 너한테 집 이야기를 들려줄 거야. 그걸 열심히 다 들은 후 뭔가 깨달아야만 데려다주겠다."

참 나, 그냥 데려다주면 어디가 덧나나?

"알았어요. 오늘 밤 열심히 산타 할아버지를 도와드릴게요."

내가 대답하자 산타 할아버지가 열쇠 꾸러미를 들고 소리쳤어.

"케빈, 고맙구나. 그럼 루돌프! 첫 번째 장소로 가자!"

그러자마자 루돌프가 속도를 바짝 높였어. 눈썰매는 별들이 반짝이는 밤하늘을 쓩 날아갔지.

조금 뒤 눈썰매가 내려앉은 곳은 나무숲 속에 있는 동굴 앞이었어.

산타 할아버지가 선물 보따리를 걸머지며 동굴을 가리켰어.

"케빈. 여기가 바로 우리가 처음으로 방문할 집이다."

나는 눈을 둥그렇게 떴어.

"네에? 이게 무슨 집이에요. 동굴이지."

"몰라서 하는 소리. 지금은 선사 시대, 그중에서도 구석기 시대라서 동굴이 최고의 집이란다. 자, 안으로 들어가 보자."

산타 할아버지는 이렇게 말하며 숫자 '1'이 새겨진 첫 번째 열쇠를 동굴 앞에 댔어. 그러자 굳게 닫혔던 바위 문이 스르르 열렸지. 우리는 동굴 안에서 곤히 자고 있는 아이들의 머리맡에 선물을 가만히 놓았어.

그러고서 산타 할아버지는 구석기 시대 사람들이 동굴을 최고의 보금자리로 여긴 까닭을 이야기해 주었어. 그뿐 아니라 사람에게는 집이 왜 필요한지도 이야기해 주었지.

산타 할아버지가 들려준 인류의 첫 번째 집 이야기, 그대로 전해 볼게.

인류 최초의 집, 동굴

인류는 맨 처음 어디에서 살았을까? 선사 시대*에도 집이 있었을까? 답하기 전에 '사람들에겐 왜 집이 필요할까'부터 생각해 보자.

집은 휴식을 취하고, 음식을 먹고, 잠을 자고, 가족과 함께 지낼 수 있는 보금자리야. 집에 있으면 눈비와 바람, 더위와 추위를 피하고 몸도 안전하게 지킬 수 있지. 한마디로 말해 집은 옷, 음식과 더불어 인간이 생활하는 데 꼭 필요한 요소란다.

그렇다면 선사 시대 사람에게도 집이 필요했을 텐데, 대체 어떤 집

---
*선사 시대 문자가 만들어지기 이전 시대. 구석기·신석기·청동기 시대를 말함.

에서 살았을까?

　지금 우리가 와 있는 동굴을 한번 둘러볼래?

　사람마다 동물 가죽을 몸에 두르고 있지? 주변에는 주먹 도끼와 돌창, 찍개 같은 것이 널려 있고……. 선사 시대 중에서도 가장 오래된 구석기 시대 사람들이란다.

　구석기 시대 사람들은 돌을 깨뜨리거나 떼어 내 만든 뗀석기를 갖고 사냥감과 나무 열매, 풀뿌리를 찾아 여기저기 떠돌아다니며 살았어. 먹을거리를 구하려고 말이야.

사냥이나 채집을 마친 후엔 쉬면서 음식도 먹고 잠도 자야 했는데, 그러기에 동굴만큼 좋은 곳은 없었어. 그래서 인류가 살았던 최초의 집은 바로 동굴이 되었어. 자연이 선물한 집이었지.

동굴이 어떻게 집이 될 수 있냐고? 설명해 줄 테니 잘 들어 보렴.

우선 동굴에 있으면 눈비와 바람, 더위와 추위, 사나운 짐승으로부터 몸을 보호할 수 있어. 또 여름엔 시원하고 겨울엔 따뜻해서 구석기 시대 사람들이 지내기에 제격이었지. 사냥이나 채집에서 얻은 먹을거리를 보관하고, 불씨를 지키기에도 동굴은 아주 좋았단다.

구석기 시대 사람들은 동굴에서 열 명쯤 무리 지어 함께 생활했어. 숫자가 열 명 정도는 되어야 힘을 합쳐서 사나운 짐승을 물리칠 수 있기 때문이야.

인류가 동굴에 살았던 흔적은 스페인의 알타미라 동굴, 프랑스의

▲ 알타미라 벽화

▲ 라스코 벽화

라스코 동굴 유적지에 남아 있단다. 알타미라 동굴의 천장과 벽에는 말, 들소, 사슴 등이 여러 색깔로 그려져 있고, 라스코 동굴의 벽에도 들소, 고라니, 황소, 사슴 등이 묘사돼 있거든. 구석기 시대 사람들이 동굴에 살면서 사냥 방법 등을 그림으로 남겨 놓은 것이란다.

한반도에서도 평남 덕천시 승리산 동굴, 평양시 대현동 동굴, 충북 청주시 두루봉 동굴 등에 가면 선사 시대 사람들이 동굴에 살았던 흔적을 볼 수 있어. '흥수 아이', '역포 아이'가 동굴에서 발견한 아이 화석으로 유명해. 흥수 아이는 구석기 사람인지 신석기, 청동기 사람인지 확실하지 않아. 이와 달리 10세 전후의 여자아이인 역포 아이는 대부분의 전문가가 구석기 시대 사람이라고 인정하고 있지.

하지만 아무리 좋은 동굴이 있다 해도 구석기 시대 사람들이 한 동굴에서 영원히 살 수는 없었어. 사냥감이나 먹을거리가 떨어지면 생존을 위해 다른 곳으로 옮겨 가야 했기 때문이야.

▲ 흥수 아이 복원 동상

들고 다니는 집

구석기 시대라고 해도 사람이 살 수 있는 동굴은 그리 많지 않았어. 그럼 동굴이 없는 곳에서는 어디에 보금자리를 틀었을까?

자, 동굴 밖으로 나가 볼까? 저기, 커다랗고 판판한 바위 아래서 사람들이 쉬고 있는 모습 보이지?

구석기 시대 사람들이 동굴 다음으로 좋아한 보금자리는 바로 커다랗고 판판한 바위 아래란다. 동굴보다는 덜 아늑하고 덜 안전하지만 눈비와 햇빛, 바람 정도는 막을 수 있기 때문이지.

그렇다면 동굴도 커다란 바위도 없는 곳에서는 어떻게 했을까?

저 멀리, 나뭇가지를 얼기설기 한데 모아 세워 놓은 것 보이니? 바로 막집이야. 주변에 널린 재료로 아무렇게나 막 지었다고 해서 '막집'이라고 해. '움막'이라고도 하지.

동굴이나 커다란 바위가 주위에 없는 경우 구석기 시대 사람들은 막집을 만들어 살았어.

막집은 주위에서 쉽게 구할 수 있는 굵은 나뭇가지를 얼기설기 엮은 후 그 위에 풀이나 나뭇잎, 나무껍질 같은 것으로 덮은 집이었어. 나무나 풀이 자라지 않는 곳에서는 짐승 뼈로 기둥을 만들고 짐승 가죽으로 덮기도 했지.

막집은 인류가 최초로 지은 집이자, 이슬이나 겨우 피할 수 있는 단순한 집이었어. 또한 오랫동안 머무는 집이 아니라, 잠깐 동안만 사는 이동식 집이었단다. 사냥감이나 채집거리를 찾아 다른 곳으로 옮겨 갈 때는 막집을 해체해 재료만 갖고 가서 다시 지었거든.

구석기 시대 막집의 흔적은 프랑스 니스에 있는 테라 아마타 유적지나 프랑스 파리 근처의 팽스방 유적지 등에서 찾아볼 수 있어. 테라 아마타 유적지에서는 나뭇가지로 만든 막집의 흔적이, 팽스방 유적지에서는 동물 가죽으로 만든 천막집이 발견되었어.

구석기 시대의 이동식 막집은 21세기에도 그 전통이 유지되고 있단다. 사냥과 채집을 하며 유목 생활을 하는 사람들이 현대에도 존재하기 때문이지.

대표적인 예는 몽골족의 '게르', 베두인족의 검은 천막집, 북아메리카 원주민들의 '티피'란다.

중앙아시아의 몽골고원에서 유목 생활을 해 온 몽골족은 예로부터 '게르'라는 이동식 천막집에 살았어. 나무 막대를 얼기설기 엮어 만든 둥근 몸체에 양털로 짠 하얀 천막을 씌운 집이지. 몽골족은 이사를 갈 때면 게르를 해체해 가지고 가서 새 장소에 다시 짓는단다.

티피 ▶

아라비아 사막 지대에서 낙타나 염소, 양을 치며 살아온 베두인족의 천막집은 게르보다도 짓는 방법이 더 간단해. 나무로 기둥을 세운 후 낙타와 흑염소 털로 짠 검은 천막을 씌우기만 하면 끝이거든.

북아메리카의 너른 평원에 사는 원주민들도 옛날부터 '티피'라는 곳에 살았어. 티피는 기둥 역할을 하는 길다란 나무 막대기 여러 개를 원뿔 모양으로 세운 후 그 위에 널따란 들소 가죽을 씌운 집이야. 원주민들은 들판에서 들소를 사냥하며 살기 때문에 집도 들소 가죽을 사용해 짓는 거란다.

▲ 베두인족 여인과 검은 천막집

신석기 시대 농부의 집

구석기 시대 다음으로 신석기 시대 사람들은 어떤 집에서 살았는지 알아볼까?

신석기 시대 사람들은 씨앗이 떨어진 곳에서 싹이 트고, 싹이 자라 열매 맺는 모습을 보고 농사짓는 방법을 알게 되었어. 그래서 밭을 갈아 조, 수수, 피 같은 곡식의 씨앗을 뿌리고 자라면 수확했지.

농사를 지으면서 사람들은 돌을 갈아 만든 여러 가지 간석기를 두루 사용했어. 밭을 갈 때는 돌괭이와 돌보습을, 곡식의 이삭을 딸 때는 돌낫을, 껍질을 벗기거나 가루를 낼 때는 갈돌을 썼지.

그뿐 아니라 신석기 시대 사람들은 가축을 기르는 방법도 알아냈어. 들판을 어슬렁거리는 개나 돼지에게 먹이를 주었더니 사람을 따르는 거야. 이렇게 길들인 동물은 사람에게 새끼도 낳아 주고 나중에는 고기와 가죽도 주었거든. 이처럼 신석기 시대에 농사와 목축이 시작된 사건을 농업 혁명이라고 해.

이때부터 인류는 더 이상 이리저리 떠돌아다니며 사냥이나 채집을 할 필요가 없어졌어. 농사를 짓고 가축을 길러 먹을거리를 생산할 수 있게 되었으니 말이지.

그런데 농사를 지으려면 밭에 씨를 뿌려 수확할 때까지 기다려야 했어. 밭에 물을 끌어다 쓰기도 해야지.

 이런 까닭에 신석기 시대 사람들은 강가나 바닷가에 오랫동안 머물러 살 수 있는 집을 짓기 시작했어. 그게 바로 움집이란다.

 움집은 어떻게 지었을까? 우선 땅 밑으로 약 50~100센티미터의 구덩이를 움푹 파서 바닥을 단단하고 평평하게 다진단다. 그런 다음 굵은 나무로 기둥을 세우고 기둥과 기둥 사이를 굵은 나뭇가지로 엮은 후 그 위를 마른 풀과 잔 나뭇가지로 덮지.

 움집 내부 바닥에는 마른 풀이나 푹신한 짐승 가죽을 깔았어. 한가운데에는 화덕을 두고 불을 피우거나 음식을 익혀 먹었지. 출입구는 보통 계단식으로 되어 있어. 움집이 구덩이를 파서 지은 것이라 바닥이 평지보다 낮았기 때문이란다.

 움집은 반지하 집이라서 비바람을 피하기에 좋을뿐더러 여름에는 시원하고 겨울에는 따뜻했어. 그러나 창문이 없어 답답하고 겨울엔 땅속에서 올라오는 한기를 막기에 부족했지.

보통 움집 한 채에는 부모와 자녀 등 네다섯 명이 가족 단위로 살았어. 그릇이나 음식 등을 두는 안쪽은 여자들이 차지하고, 농기구를 두는 입구 쪽엔 남자들이 머물렀단다. 또 움집 네다섯 채가 모여 씨족* 부락을 이루었지.

신석기 시대 사람들이 움집을 짓고 살았던 흔적은 세계 곳곳에 남아 있어. 대개 큰 강가나 바닷가를 낀 낮은 습지나 너른 평지 등에서 발견되었지. 한 유적지에 몇 채씩 모여 있어 신석기 시대 사람들이 작은 마을을 이루어 살았다는 사실을 알 수 있단다.

한반도의 경우엔 서울 암사동 선사 주거지에 가면 움집 유적을 체험할 수 있어. 한강을 중심으로 물고기를 잡고 채집 생활을 했던 신석기 시대 사람들의 흔적을 엿볼 수 있지.

신석기 시대 다음에 찾아온 청동기 시대와 철기 시대에도 사람들은 주로 움집에서 살았어. 다만 신석기 시대 움집이 주로 둥근 모양이었다면 이후의 움집은 직사각형이 많고, 크기도 훨씬 컸어. 또한 구덩이 깊이가 얕아지면서 움집은 점차 땅 위의 집, 즉 지상 가옥에 가까워져 갔단다.

*씨족 같은 조상을 가진 혈연 집단.

불에 구워 단단한 흙벽돌집

바람이 꽤 세게 부는구나. 움집이 날아가지 않도록 꽉 잡고 있어야 한다! 움집의 가장 큰 흠은 튼튼하지 않아 눈비가 오면 젖고, 바람이 불면 날아갈 수 있다는 점이지. 또 불이라도 붙으면 금세 타들어 갈 위험도 있어. 나뭇가지와 풀, 볏짚, 짐승 가죽 같은 것으로 지었으니 그럴 수밖에 없겠지?

이에 비해 흙으로 지은 흙집이나 흙벽돌집은 훨씬 튼튼해. 세계 곳곳의 신석기 시대 사람들이 움집에서 살아갈 때 메소포타미아* 사람들은 흙벽돌집을 짓고 살았어. 사막 지대라 나무를 구하기가 쉽지 않기 때문에 주변에 흔한 진흙을 재료로 삼았던 거야.

신석기 시대 사람들은 처음엔 흙을 네모반듯하게 빚어 햇볕에 바짝 말린 것을 쌓아 집을 지었어. 이 흙집은 비가 오면 젖어서 약해지고 무너지기도 했지. 그러자 흙으로 만든 그릇을 불에 굽듯, 불에 구운 흙벽돌로 집을 짓기 시작했단다.

흙벽돌집은 움집에 비해 눈비나 바람, 화재에 강했어. 또 낮에는 열을 막고 밤에는 열을 품어 사막 지대의 심한 일교차를 극복하는 데 유리했지.

흙벽돌집의 역사는 사막 지대인 터키 남동부 하란에 가면 찾아볼

*메소포타미아 서아시아 티그리스강과 유프라테스강 사이에 있는 지역. 고대 문명의 발상지.

수 있단다. 하란은 기원전 2,000년쯤 이스라엘 민족의 조상인 아브라함과 그 가족이 머물렀다는 강가 마을이란다. 이곳 사람들은 신석기 시대부터 흙벽돌집을 짓고 살았어.

하란의 흙벽돌집은 모양이 아주 독특해. 윗부분이 고깔 모양이고, 가장 위에 구멍을 뚫어 놓았거든. 그래서 여름에는 태양열을 분산시켜 시원하고, 겨울에는 햇빛을 저장해 주어 아주 따뜻하단다. 또 한 채 한 채 떨어져 있지 않고 여러 채의 집이 다닥다닥 붙어 있는 게 특징이지. 인더스 문명의 중심지인 모헨조다로 사람들도 흙벽돌집을 짓고 살았어. 이스라엘 수도 예루살렘 북동쪽에 있는 예리코 유적지나 터키 중남부 차탈회위크 유적지에서도 신석기 시대 사람들이 흙벽돌집을 짓고 살았던 흔적을 볼 수 있단다.

선사 시대 집 이야기는 여기까지야. 선사 시대의 집은 살아남기 위한 집이었다는 걸 잘 기억해 두렴. 자, 그럼 이제 두 번째 장소로 가 볼까?

▲ 올려다본 하란 흙벽돌집 지붕

▼ 하란 흙벽돌집

현대인은 왜 이사할까?

이사란 '사는 곳을 다른 장소로 옮기는 일'을 뜻해요. 즉 여태 살던 집에서 다른 집으로 옮겨 가는 것이지요.

살다 보면 우리는 이런저런 이유로 이사를 하게 돼요. 우리보다 먼저 살다 간 인류도 여러 이유로 이사를 했답니다. 인류는 언제부터 이사를 했을까요?

앞서 살펴보았지만 선사 시대 중에서도 구석기 시대 사람들은 먹을거리를 구하려고 이리저리 떠돌아다녀야 했어요. 동굴이나 막집 같은 곳을 임시로 보금자리 삼아 살다가도 사냥감이나 채집거리가 떨어지면 다른 동굴로 옮겨 가거나, 막집을 해체해 딴 곳에 가서 다시 지었어요. 이것을 이사의 시작이라고 할 수 있어요.

그러다 신석기 시대가 되면서 사람들은 농사를 짓고 가축을 기르느라 한곳에 오래 머물러 살게 되었어요. 이사를 아예 하지 않은 것은 아니에요. 밭이 황폐해지거나, 홍수나 지진 등 천재지변이 일어나 생활 터전을 잃게 되면 다른 곳으로 이사를 갈 수밖에 없었으니까요.

그 후 문명이 발달하고 국가가 생겨나면서 이사하는 이유가 더 다양해졌어요. 도읍*이 어디로 정해지느냐에 따라, 신분이 무엇이냐에 따라

*도읍 한 나라의 최고 기관인 중앙 정부가 있는 곳.

생각해 볼 거리

이사를 했으니까요. 또 직업에 따라서도 이사를 했답니다. 이를테면 상인들은 장사가 더 잘되는 시장을 따라 이사를 했어요. 어부는 물고기가 많이 잡히는 곳을 따라, 광부는 광물을 많이 캘 수 있는 광산을 따라 집을 옮겼어요.

이후 고대에서 근대, 현대로 이어지는 동안에는 전쟁이나 도시 건설, 산업 발전 등이 이사의 원인이 되었지요.

여러분도 이사를 해 보았지요? 아마 태어나서 지금까지 한 번도 이사를 안 해 본 친구는 드물 거예요. 어쩌면 너무 자주 이사해서 스트레스를 받은 친구들도 있을 테고요.

그렇다면 현대인들이 이사를 하는 까닭은 무엇일까요? 현대인들은 주로 직장 위치에 따라, 자녀 교육을 위해, 경제 사정이 변해 이사를 한답니다.

하지만 현대인들이 이사를 하는 것은 선사 시대 사람들이 먹을거리를 찾아 이사하던 모습과 크게 다르지 않아요. 결국엔 사는 형편에 따라 집을 옮기는 것이니까요. 세월이 수천 년 흘렀어도 이사의 본질은 예나 지금이나 다르지 않은 것이지요.

산타 할아버지와 나는 다시 눈썰매를 타고 두 번째 장소로 향했어. 그때 갑자기 먹구름이 몰려오더니 달과 별을 모두 가려 버리지 뭐야? 아니나 달라, 얼마 안 가 앞이 안 보일 정도로 눈이 펑펑 쏟아지기 시작했어.

나는 큰일 났다 싶었어. 하지만 루돌프 사슴은 더 힘차게 눈썰매를 끌더니 눈보라가 몰아치는 얼음 벌판에 우리를 내려놓았어. 사방이 눈과 얼음으로 덮여 있고 둥그런 얼음 창고 같은 게 있는 곳이었지.

"여기가 어디예요? 너무 추워요."

내가 옷을 여미며 묻자, 산타 할아버지가 말했어.

"케빈, 여기는 북극이란다. 저 얼음집 어린이들에게 선물을 나눠 주어야 하거든."

"얼음 창고가 아니고 얼음집이라고요? 얼음 안에 사람들이 살아요?"

산타 할아버지가 숫자 '2'가 새겨진 열쇠를 들어 보였어.

"아무렴. 이 두 번째 열쇠로는 자연환경에 맞춰 지은 집들을 찾아갈 건데, 얼음집도 그중 하나거든."

오, 얼음집이라니! 나는 호기심이 나서 얼른 발걸음을 옮겼어.

산타 할아버지가 들려준 자연환경에 맞춘 집 이야기,

들을 준비 되었겠지?

북극 지방의 얼음집, 이글루

캐나다 북부와 알래스카, 그린란드처럼 눈과 얼음으로 뒤덮인 북극 지방에 가면 '이글루'를 볼 수 있어. 이글루는 눈덩이로 만든 얼음집인데, 북극 지방 원주민인 이누이트족의 임시 집이란다. 마을을 떠나 얼음 벌판에서 물고기를 잡거나 바다짐승을 사냥할 때 추위도 피하고 짐승들의 공격도 막으려고 짓는 집이지.

북극 지방에 사는 원주민은 에스키모가 아니냐고? 그래, 틀린 말은 아니야. 이누이트족을 흔히들 '에스키모'라고 하니까.

하지만 이누이트족은 에스키모라는 단어를 싫어한단다. 왜냐하면 에스키모는 '날고기를 먹는 사람들'이라는 뜻으로 유럽 사람들이 이

누이트족을 얕잡아 붙인 말이기 때문이야.

이누이트족이 이글루를 지으려면 꽁꽁 언 눈덩이와 눈 칼, 램프만 있으면 돼. 얼음 벌판에서는 나무나 돌을 구하기 어려우니까 주위에 흔한 눈덩이를 사용하는 것이지.

이글루는 짓는 방법도 무척 간단해. 우선 눈 칼로 눈덩이를 반듯반듯하게 잘라 네모나고 길쭉한 눈 벽돌을 만들어. 그런 다음 바닥을 평평하게 다진 후, 눈 벽돌을 둥근 지붕 모양이 되게 층층이 쌓아 올리지.

이렇게 해서 둥근 지붕 모양으로 완성되면 벽 한구석에 작은 문을 낸단다. 한 사람 정도가 드나들 수 있을 정도면 충분해.

▲ 개 썰매를 끄는 이누이트족

그러곤 안에서 램프에 불을 붙인 후 출입문을 눈 벽돌로 꼭 막아 온도를 높여. 그러면 눈 벽돌이 조금씩 녹아내려 벽돌과 벽돌 사이로 물이 스며들지.

이때 출입문을 열고 램프를 끄면 어떻게 될까? 찬 공기가 순식간에 실내로 들어와 물이 얼면서 눈 벽돌이 서로 단단하게 달라붙는단다.

이렇게 이글루가 완성되면 바닥에 짐승 가죽과 털을 깔고, 문과 벽에 가죽 덮개를 늘어뜨려. 어때, 집 짓는 방법치곤 간단하지?

이글루는 보통 열 명 정도가 머물 수 있게끔 짓는데, 시작부터 완성까지 두 시간이면 충분하단다. 게다가 눈덩이와 눈 칼만 있으면 뚝딱 지을 수 있으니 이글루만큼 경제적인 집도 찾기 힘들 거야.

눈덩이로 만든 얼음집이라서 춥지 않느냐고? 천만에! 뜻밖에 꽤 아늑하고 따뜻하단다. 두터운 얼음벽 덕분에 바깥의 찬 공기가 안으로 들어오지도 않고, 안의 따뜻한 공기가 밖으로 빠져나가지도 않기 때문이야. 그래서 특별히 난방을 하지 않아도 영상 5도 정도의 기온을 유지할 수 있단다.

물론 영상 5도는 우리 기준으로는 따뜻하다고 할 수 없는 기온이야. 하지만 이글루 밖 날씨를 상상해 보렴. 북극의 얼음 벌판은 보통 영하 30~40도이기 때문에 영상 5도면 추위를 피하기에 괜찮은 기온이란다.

쇠똥의 기막힌 변신

갑자기 날씨가 더워졌지? 그래, 겉옷을 벗고 소매도 걷는 게 좋을 거야. 여기는 아프리카 초원 지대고, 우리는 마사이족이 사는 쇠똥집에 와 있거든.

마사이족이 누구냐고? 붉은 망토 모양 옷을 주로 입는 마사이족은 케냐와 탄자니아에 걸쳐 있는 초원을 떠돌아다니는 유목 부족이란다. 소와 염소, 양 떼를 치며 살아가고 있어. 사나운 짐승에 맞서 가축을 지켜야 하기 때문에 늘 창과 칼을 몸에 지니고 다니지. 그래서 아프리카에서도 가장 용맹한 부족으로 꼽혀.

마사이족이 어디서 사는지 아니? 쇠똥집이야. 쇠똥과 진흙에 물을 부어 반죽을 만든 후, 이 반죽을 발라 지은 집이지.

▲ 춤추는 마사이족과 쇠똥집

왜 코를 감싸 쥐니? 생각만 해도 쇠똥 냄새가 날 것 같다고?

하하, 그럴 필요는 없단다. 물론 쇠똥으로 지은 집이라 쇠똥 냄새가 안 난다고 할 수는 없지만, 쇠똥이 바싹 말라 있기 때문에 냄새가 심한 편은 아니거든.

하필 왜 쇠똥으로 집을 짓느냐고? 마사이족이 소를 많이 길러서 주변에 쇠똥이 흔하기 때문이야. 또한 소를 재산 1호로 여겨서 소의 고기나 피, 가죽, 우유 못지않게 쇠똥까지도 소중히 생각하는 까닭이란다. 마사이족은 쇠똥을 집 짓는 재료로 쓸 뿐 아니라 상처 치료제로 몸에 바르는가 하면 바싹 말려 땔감으로도 사용하지.

그럼 쇠똥집을 어떻게 짓는지 알아볼까? 우선 나뭇가지와 갈대를 땅에 빼곡하게 꽂아 벽과 지붕의 뼈대를 만들어야 해. 그런 다음 뼈대 사이사이에 나뭇가지를 촘촘하게 채워 넣는단다. 그런 후 여기에 반죽을 발라 벽과 지붕을 만들어. 반죽은 물에 쇠똥과 진흙, 짚을 넣어 만들지.

쇠똥집은 높이가 땅에서 지붕까지 2미터 안팎이야. 특히 출입구는 아주 비좁아서 허리를 구부려야만 들어갈 수 있고 출입구에 문은 달려 있지 않단다. 출입구가 비좁은 건 맹수들이 침입하는 걸 막기 위해서고, 문을 달지 않는 건 마을 사람 누구라도 자유롭게 드나들 수 있도록 하기 위해서래.

쇠똥집은 비가 와도 젖지 않고 아주 튼튼해. 쇠똥에 기름기가 많아 물을 막고, 섬유질이 섞여 있어 잘 부서지지 않기 때문이야. 또 벌레도 꼬이지 않고 습도도 알맞게 조절되어 제법 좋단다.

비가 많이 오는 철이 되면 마사이족은 집 안쪽 벽에서 쇠똥을 조금씩 뜯어내 땔감으로 쓴단다. 비 때문에 마른 장작을 구할 수 없기 때문이야. 그러다가 비가 오지 않는 철이 되면 땔감용 쇠똥에 진흙과 짚 등을 섞어 반죽한 후 다시 벽에 바르지.

쇠똥이 집이 되었다 땔감이 되었다 하는 거야. 자연환경을 이용해 쇠똥집을 짓고 사는 마사이족의 지혜, 정말 놀랍지 않니?

더위와 습기, 물러가라!

　이번엔 수상 가옥과 고상 가옥에 대해 알아볼까? 수상 가옥은 물 위에 지은 집, 고상 가옥은 집의 바닥면이 땅보다 높은 집을 뜻해.

　수상 가옥은 베트남, 태국, 미얀마 등 무덥고 습한 열대 지역에서 볼 수 있어. 강가나 바닷가에 말뚝을 박고 그 위에 지은 집이지. 고개를 갸우뚱하는구나. 물 위에 집을 짓다니, 상상하기 힘들겠지.

　열대 지역 사람들이 수상 가옥을 짓는 건 자연환경 때문이야. 농사지을 땅이 부족해 강과 바다에서 물고기를 잡아서 먹고살다 보니 자연스레 물 위에 집을 짓게 된 거지. 수상 가옥을 지을 때는 열대 우림에 흔한 나무를 사용한단다. 우선 강가나 바닷가에 말뚝을 박아

기둥을 세운 후 수면 위 2~3미터 위에 나무판을 깔아 바닥을 만들어. 그런 다음 나무들을 서로 엮은 것으로 지붕을 덮으면 돼.

수상 가옥은 열대 지역의 무덥고 습한 날씨를 이길 수 있을 정도로 아주 시원해. 바닥이 땅에서 떨어져 있으니 해충에도 안전한 편이지.

수상 가옥은 강가나 바닷가에 말뚝을 박고 지은 집만 뜻하지 않는단다. 동남아시아에 가면 강물에 배를 띄워 놓고 배 위에서 수산물이나 과일, 음식 등을 사고파는 수상 시장을 많이 볼 수 있어. 그런 장삿배 위에 지은 집도 수상 가옥이라고 하거든.

배 위에 지은 수상 가옥은 일상생활도 하고 장사도 할 수 있다는 게 장점이야. 하지만 늘 흔들리는 배 위에서 살아야 하고, 전기나 상하수도가 설치되지 않는 경우도 있어 불편한 점도 있단다.

한편 고상 가옥은 집을 땅에 바짝 붙여 짓지 않고 땅바닥에서 2~3미터쯤 높이 올려 지은 집이야. 일 년 내내 날씨가 무덥고 비가 많이 와 습한 지역에서 이런 집을 짓지. 집을 땅에서 높이 올려 지으면 습기를 막을 수 있고 바람이 잘 통해 시원하거든. 또 비가 많이 내려도

바닥을 통해 물이 스며들 염려가 적고, 뱀이나 벌레에도 안전해 덥고 습한 지역에 안성맞춤이란다.

고상 가옥의 대표적인 예는 인도네시아 수마트라섬 서부, 수마트라바랏주에 가면 만나 볼 수 있어. 이 섬의 원주민인 미낭카바우족이 옛날부터 살아온 전통 집 '루마가당'이 고상 가옥이거든. 루마가당은 땅에서 2미터쯤 높이 올려 지어. 지붕 양쪽 끝이 물소 뿔처럼 뒤로 젖혀진 채 우뚝 솟아 있는 게 특징이란다. 지붕이 물소 뿔을 닮은 데는 다 사연이 있어.

예전에 수마트라섬의 한 지방에 자바섬(자와섬)의 군대가 쳐들어왔어. 물소들끼리 싸움을 시켜 승패를 정하기로 했고 수마트라섬의 물소가 이겼지. 그때부터 이곳 사람들은 사는 곳을 '미낭카바우'라 이름 짓고 물소 뿔을 닮은 집을 짓고 살기 시작했어. '미낭카바우'는 '우리 물소가 이겼다'라는 뜻이래.

루마가당은 나무로 지은 집이야. 지붕은 원래 야자 잎으로 덮었지. 하지만 지금은 야자 잎 대신 함석*지붕을 얹은 집도 적지 않단다.

▼ 루마가당

*함석 겉에 아연을 도금한 얇은 철판.

눈의 집, 해의 집

여기는 한국의 이웃 나라, 일본이야. 그중에서도 기후현에 있는 산간 마을인 시라카와고란다. 저기 지붕에 눈이 잔뜩 쌓인 집들이 보이지? 곧 방문할 '갓쇼즈쿠리'야.

거의 다 왔다. 지붕을 자세히 보렴. 두 손을 가슴께로 모아 뾰족하게 세운 모양이지? 두 손바닥을 합하는 이 동작을 '합장'이라고 해. 갓쇼즈쿠리란 이름이 붙은 것도 지붕의 생김새 때문이지. 갓쇼즈쿠리는 '합장 가옥'이라는 뜻이거든. 이런 집을 짓게 된 데는 다 사연이 있단다.

시라카와고는 산간 마을이라 벼농사를 짓기 힘들기 때문에 사람들은 누에를 치며 살았어. 그래서 누에가 고치를 짓고 실을 만들어 낼 수 있게 집 안에 누에 창고를 두었지. 그런데 문제가 생겼어. 아까 지붕에 눈 쌓인 모습 보았지? 이 지방은 겨울이면 눈이 엄청 많이 내려. 눈사태로 집이 무너져 사람들은 누에 농사를 망치기 일쑤였지.

시라카와고 사람들은 어떻게 하면 누에 농사를 잘할 수 있을까 연구했어. 그러다가 천장을 높게 하고 지붕 경사를 급하게 만들면 눈이 아래로 미끄러져 내려 지붕에 덜 쌓일 것이라 생각했지. 이렇게 해서 생겨난 집이 갓쇼즈쿠리야.

갓쇼즈쿠리는 보통 3층이야. 1층에선 가족들이 생활하고 지붕 아래 2~3층에선 누에를 기를 수 있게 설계했어. 누에 농사를 하려면 뽕나무를 키우는 넓은 뽕밭도 필요하지만 고치를 짓고 실을 뽑는 실내 공간도 있어야 하거든. 뽕나무는 왜 필요하냐고? 누에는 뽕잎을 먹고 산단다.

갓쇼즈쿠리는 지붕 바로 아래에 창문이 있는 게 특징이야. 눈이 많이 와서 1층 현관이 파묻히면 이 창문을 출입문으로 사용하기 위해서란다. 또 해마다 억새 지붕을 한두 번씩 손보고, 30~40년에 한 번씩은 완전히 새로 얹어야만 하지. 지붕 두께가 엄청나기 때문에 지붕을 새로 얹을 때면 마을 주민들이 모두 힘을 합쳐 공동 작업을 한다고 해.

갓쇼즈쿠리가 있는 시라카와고는 유네스코 세계 문화유산으로도 지정되었단다. 혹독한 자연환경을 이기기 위해 마을 사람들이 힘을 모아 독특한 집을 짓고 수백 년 동안 잘 유지하고 있는 점이 높이 평가받은 것이지.

한편 그리스의 산토리니섬에 있는 집들도 자연환경에 맞춰 지은 걸로 유명해. 에게해에 있는 산토리니섬은 세계적으로 워낙 유명한 관광지라서 누구나 한 번쯤은 사진으로 본 적이 있을 거야. 새하얀 집에 새파란 지붕을 올린 집들이 경사를 따라 다닥다닥 붙어 있는 모습을 말이야.

산토리니섬은 화산이 폭발해 생겨난 화산섬이라 섬 전체가 절벽으로 이루어져 있어.

산토리니섬의 집들 ▶

▼ 산토리니섬의 케이블카

사람들이 사는 마을도 높이가 100~300미터나 되는 절벽 위에 있단다. 그래서 마을로 가려면 당나귀, 케이블카를 이용하거나 500개도 넘는 계단을 걸어 올라가야만 하지. 산토리니섬의 집들은 가파른 절벽을 따라 빼곡이 자리 잡고 있는데 하나같이 새하얀 게 특징이야. 산토리니섬 사람들이 하얀색을 좋아하느냐고? 그게 아니라, 다 사연이 있단다.

산토리니섬은 강한 햇살이 내리쬐어 무더운 데다 옛날엔 물이 무척 부족했어. 바다를 끼고 있으니 바닷물이야 풍부했지만 농사를 짓거나 생활하는 데 필요한 민물은 항상 모자랐거든. 그래서 이 섬에 사는 사람들은 빗물을 받아서 농업용수와 생활용수로 썼어. 하지만 비가 자주 내리지 않고, 빗물엔 먼지나 티끌 같은 게 섞여 있어 깨끗하지도 않으니 문제였지.

사람들은 생각 끝에 집의 옥상과 벽에 하얀 석회를 칠하기 시작했어. 석회는 먼지나 세균을 걸러 주는 성질이 있어서 옥상에 고이거나 벽으로 흘러내리는 물을 깨끗하게 해 주거든. 더구나 하얀색은 빛을 반사시키기 때문에 집을 시원하게 하지. 지하에는 물탱크도 만들었어. 벽을 타고 흘러내린 빗물을 저장하기 위해서지.

지금도 산토리니섬 사람들은 해마다 비가 많이 오는 철인 우기가 오기 전에 미리 집을 새하얗게 칠한단다. 물론 지금은 물 걱정을 안 해도 될 정도로 물이 풍부하지만, 산토리니섬만의 특색을 잃지 않기 위해서야.

참, 산토리니섬의 하얀 집들이 서로 바짝 붙어 있는 건 거센 바닷바람을 막기 위해서란다. 산토리니섬 사람들도 참 지혜롭지?

자연에 안긴 흙집, 한옥

이번엔 한국의 전통 집 한옥 이야기를 들려줄게. 경상북도 안동의 하회 마을에 가면 한옥들이 조선 시대 모습 그대로 보전되어 있는 것을 볼 수 있어.

한옥이야말로 자연환경에 맞춰 지은 아주 훌륭한 집이란다. 자연에서 쉽게 얻을 수 있는 나무, 짚, 흙, 돌을 재료 삼아 짓기 때문이지. 한옥 중에서도 가장 대표적인 집은 기와집이야. 흙을 구워 만든 기와를 지붕에 올린 집이지. 기와 값이 비쌌기 때문에 주로 양반 계층이나 부잣집 사람들이 기와집에 살았단다.

일반 백성이나 가난한 선비들은 초가집에 살았어. 흙벽을 세우고 볏짚이나 억새, 갈대, 띠, 풀 등을 엮어 지붕을 얹은 집이지. 지금도 시골에 가면 초가집을 더러 볼 수 있단다.

한편 산골 사람들은 너와집에서 살았지. 너와집 지붕은 나무를 쪼개 만든 조각들을 물고기 비늘 모양으로 잇대 만들어. 산에서는 벼농사를 짓지 못해 볏짚을 쉽게 구할 수 없기 때문이었지. 너와집은 다른 말로는 '느에집' 또는 '능에집'이라고도 한단다.

　그런가 하면 제주도에는 바람이 많이 불고 돌이 흔해서 사람들이 돌집을 짓고 살았어. 또 겨울에 눈이 많이 오는 울릉도에서는 통나무를 '우물 정(井)' 자 형태로 쌓아 뼈대를 만들고 억새로 덮은 투막집을 보금자리로 삼았지.

　이처럼 전통 한옥은 자연 재료로만 지은 친환경 집이라 건강에 아주 좋아. 온돌과 마루가 있어 겨울에는 따뜻하고 여름에는 시원한 것도 특징이지.

　온돌과 마루가 뭔지 잘 모르겠다고? 온돌은 방바닥 밑에 얇고 넓적한 돌을 놓은 후, 아궁이에 불을 때서 이 돌을 데우는 난방 장치

야. 뜨거워진 돌은 방바닥과 나아가 방 전체를 따뜻하게 해 주지. 또 마루는 땅과 떨어진 조금 높은 곳에 바닥으로 나무 널빤지를 깔아 놓은 건데 여름을 시원하게 나기 위해선 꼭 필요하단다.

한국 사람들은 예로부터 집을 지을 때 집터와 방향을 중요하게 생각했어. 집터로는 뒤쪽에 산이 있고, 앞쪽에 강이 있는 곳을 으뜸으로 쳤지. 그래야 여름엔 시원하고 겨울엔 찬바람을 막을 수 있거든.

또한 한옥을 지을 때는 꼭 남쪽을 향하도록 했어. 남향집은 햇빛이 골고루 잘 들어 집 안이 늘 밝고 따뜻하거든.

자연환경에 맞춰 지은 집 이야기, 어땠니? 그중에 살고 싶은 집이라도 있니?

사실 나는 이글루에서 하룻밤쯤 묵고 싶어. 하지만 워낙 갈 곳이 많아 그럴 수가 없잖아. 다음에 기회가 되면 꼭 이글루에서 자 보려고 해. 너도 함께할래?

집에서 행복할 권리

　매년 10월 첫째 주 월요일은 '세계 주거의 날'이에요. '안락한 집에서 살 권리' 즉 '주거권'이 인간의 기본 권리라는 사실을 널리 알리고 열악한 주거 환경에서 사는 이들에 대한 관심을 높이기 위해 국제 연합(UN)이 1986년 지정한 기념일이지요.

　실제로 우리 주변에는 비좁고 비위생적이며 최소한의 시설조차 갖춰지지 않은 집에서 사는 사람이 적지 않아요. 아예 집이 없는 사람들도 있지요. 한국해비타트*에 따르면 세계 70억 인구 중 16억 명이, 우리나라에서는 175만 가구가 열악한 주거 환경 때문에 고통받고 있다고 하니까요.

　전 세계에서 1분마다 20명이 열악한 주거 환경 속에서 죽어 가고 있다는 통계도 있어요. 전쟁이나 가뭄, 종교 문제, 지진이나 화산 같은 천재지변 때문에 정든 집을 떠나 떠돌아다니는 난민도 세계 인구의 약 1퍼센트인 7,000만 명이나 된다고 하고요.

　안락한 주거 환경은 왜 중요할까요? 집은 인간다운 삶을 누리게 하는 기본적 공간이기 때문이에요. 편안한 잠과 휴식을 제공하는 공간이

------
*한국해비타트 열악한 주거 환경에서 살아가는 사람들에게 집을 지어 주는 운동을 펼치는 비영리·비정부 기구.

생각해 볼 거리

자 가족 간의 대화를 제공하는 공간, 아이들이 미래를 꿈꿀 수 있도록 교육을 제공하는 공간이니까요.

그렇다면 어떤 집에 살아야 주거권을 보장받는 걸까요?

첫째, 쾌적한 주거 환경이 보장되어야 해요. 집은 눈비와 바람, 더위와 추위를 막아 줄뿐더러 적절한 온도와 습도를 유지할 수 있어야 해요. 한집에 사는 사람 수에 알맞은 면적도 보장되어야 하지요.

둘째, 집에 기본적인 시설이 있어야 합니다. 수도가 있어 안전하게 물을 마실 수 있고, 조명이나 가전제품을 이용할 수 있도록 전기가 공급되어야 해요. 또한 가스가 공급되고 난방 시설도 있어야 하지요.

셋째, 집은 일터나 학교로부터 적당한 거리에 있고 집과 일터·학교 사이에 교통도 편리해야 해요.

또한 합당한 이유가 없는 한 살던 집에서 내쫓겨서는 안 됩니다. 그리고 소득 수준과 비교해 집값이나 전세·월세 비용이 적정해야만 주거권이 보장된다고 할 수 있어요.

여러분은 대부분 사랑하는 가족과 함께 안락한 집에서 살고 있기 때문에 주거권에 대해 생각해 본 적이 없을 거예요. 이번 기회에 한번쯤 주거권에 대해 생각해 보길 바라요.

안동 하회 마을을 떠난 후 우리는 다시 밤하늘을 날아갔어. 얼마 안 가 유럽의 오래된 집 앞에 도착했지. 허름한 옷을 입은 문지기가 문 앞에서 꾸벅꾸벅 졸고 있었어.

"케빈, 여기는 고대 로마 제국의 폼페이고, 이 집은 '도무스'라고 한단다."

"도무스요?"

"그래, 로마 귀족들이 사는 집이지. 세 번째 열쇠로는 신분을 상징하는 집들을 찾아갈 건데, 여기가 그 첫 집이란다. 마침 문지기 노예가 졸고 있으니 살짝 들어가면 되겠다."

"귀족 아이들한테까지 크리스마스 선물을 주세요? 노예까지 부리고 사는 부잣집 아이들은 부족한 게 없을 텐데요?"

내 말에 산타 할아버지가 고개를 내저었어.

"무슨 소리. 착하고 마음 따뜻한 아이라면 누구라도 선물을 받을 자격이 있단다. 자, 어서 들어가자."

산타 할아버지는 이렇게 말하며 숫자 '3'이 새겨진 세 번째 열쇠를 들어 올렸어. 나도 얼른 선물 보따리를 챙겨 메고 할아버지를 뒤따랐지.

산타 할아버지가 들려준 신분의 상징이 된 화려한 집 이야기,
이제 시작한다!

로마 귀족의 화려한 사생활

'로마'라고 하면 무엇이 가장 먼저 떠오르니? 이탈리아의 수도? 아니면 콜로세움?

그럴 만도 해. 지금 이탈리아의 수도는 로마이고, 원형 경기장인 콜로세움은 로마에서 이름난 유적지니까.

지금으로부터 2,000년 전쯤 로마는 세계를 주름잡는 거대한 제국이었단다. 원래는 조그만 도시 국가*로 출발했지만, 주변을 하나하나 정복하면서 남부 유럽 대부분을 차지할 정도로 번성했으니까. 오죽하면 '모든 길은 로마로 통한다'라는 말까지 그때 생겨났겠니.

로마 제국 사람들은 귀족-평민-노예로 신분이 철저히 나뉘어져 있었어. 이 중 신분이 가장 높은 귀족들은 '도무스'라는 집에 살았단다.

도무스(Domus)는 라틴어로 '집'이라는 뜻이야. 정말 호화롭기 짝이 없었지. 벽은 대리석, 바닥은 색깔 돌로 장식하고 창은 유리로 만든 고급 주택이었거든.

또 아트리움과 페리스타일이라 부르는 두 개의 안뜰이 있을 정도로 규모가 무척 컸어. 출입문에는 늘 노예를 문지기로 세워 놓아 드나드는 사람을 일일이 통제했지.

***도시 국가** 고대·중세에 정치적으로 독립해 국가를 이루었던 도시. 성벽으로 둘러싼 도시와 성벽 주변의 농지·목지로 이루어짐.

도무스는 두 개의 안뜰을 중심으로 크게 두 부분으로 나뉜단다. 우선 출입문으로 들어가면 아트리움이라는 첫 번째 안뜰과 함께 서재 겸 응접실이 나와. 한집안을 이끄는 가장이 책도 읽고 집을 방문하는 손님들을 맞이하는 곳으로, 한국의 전통 한옥에 있는 사랑방 역할을 했지. 첫 번째 안뜰 한가운데에는 저수조도 있었어. 생활용수로 쓸 수 있게끔 빗물을 담아 두는 시설이지.

이곳을 지나 더 안쪽으로 들어가면 페리스타일이라는 두 번째 안뜰이 나온단다. 페리스타일은 주로 꽃나무를 가꾸는 정원과 푸성귀를 재배하는 채마밭으로 꾸미고 분수를 설치하기도 했어. 페리스타

▼ 도무스 내부의 페리스타일

▲ 베티의 집 벽화 「익시온의 처벌」

일을 둘러싸고 부엌, 식당, 목욕탕이 있었어. 여성과 아이가 쓰는 방도 있어 한옥의 안채 역할을 했단다.

로마 귀족들은 도무스에서 대개 한 가족이 살았어. 하지만 할머니, 할아버지에서부터 손자, 손녀에 이르기까지 대가족이 함께 사는 경우도 있었단다.

현재까지 남아 있는 도무스 중에서 가장 유명한 것은 이탈리아 폼페이에 있는 '베티의 집'이야. 아울루스 베티우스 레스티투투스와 콘비바 형제가 살았던 집이지. 형제는 배로 물건을 옮겨 주는 일인 해상 무역으로 부자가 되었다고 해. 베티의 집은 잘 보존되어 로마 귀족의 호화로웠던 생활상을 살펴볼 수 있단다.

이탈리아 상인의 집 욕심

한편 이탈리아 피렌체에 가면 14~16세기 르네상스 시대에 지어진 '팔라초'라는 3층짜리 집들을 볼 수 있어. 그 당시 이탈리아의 경제와 문화를 주도했던 부자 상인, 즉 거상들이 재력과 권세를 자랑하기 위해 지었던 집이야. 지금은 주로 미술관이나 박물관으로 쓰이고 있단다.

르네상스는 우리말로 '문예 부흥'이라고 해. 문예 부흥은 인간을 중심으로 하는 학문과 예술을 되살리자는 문화 운동이었어. 르네상스인들은 인간보다 신을 중시했던 이전 시대에서 벗어나려고 했거든. 그래서 문화와 예술뿐 아니라 정치, 과학 등 모든 분야에서 새로운 시도와 실험이 르네상스 시대에 많이 이루어졌지.

르네상스의 중심지가 바로 이탈리아 피렌체였어. 지중해를 끼고 무역이 활발한 곳이라 상업과 금융업이 발달해 도시가 부유해졌어. 그래서 유럽 각지에서 뛰어난 예술가와 학자, 사상가가 피렌체에 모여들었지. 상업과 금융업으로 큰돈을 번 거상들이 예술가들과 학자들을 지원하면서 르네상스가 활짝 꽃피었단다.

대표적인 피렌체 거상 가문은 메디치 가문이야. 메디치 가문은 피렌체에 대저택인 팔라초를 짓고 살았는데, 이것이 유행처럼 번져 내로라하는 거상들마다 팔라초를 짓게 되었단다. 거상들은 도시에서 귀족과 이웃해 살면서 귀족의 생활 방식을 따라 했어. 이에 따라 자신의 부도 과시할 겸 화려하고 거대한 팔라초를 지었던 거야.

팔라초(palazzo)는 고대 로마 제국의 언어인 라틴어 '팔라티움(palatium)'에서 비롯한 말로, 거대하고 화려한 집을 뜻해. 로마 제국 황제들이 팔라티노 언덕에 호화로운 궁전을 지은 후 팔라티움이라고 한 것을 본떠 팔라초라 한 것이란다.

팔라초는 3층짜리 건물인데 1층에는 상점과 사무실을 두고 2층은 주인 가족의 침실로, 3층은 하인 방과 창고로 썼어. 1층은 장중하지만 위로 올라갈수록 가볍고 경쾌한 느낌을 주도록 설계했지. 건물 맨 위는 아름답고 화려한 장식으로 치장했어.

피렌체에 있는 팔라초 중에서도 이름난 것이 팔라초 피티야. '피티 궁전'이라고도 불리는 이 저택은 피렌체의 은행가였던 루카 피티가 메디치 가문의 저택보다 더 훌륭한 집을 갖고 싶어서 지었대. 하지만 피티는 팔라초 완공을 보지도 못한 채 죽었단다. 이후 메디치 가문이 팔라초 피티의 소유권을 가지게 되었다니 더 허무하네. 피티 유령이 원통해하며 팔라초 피티를 맴돌진 않았을까?

그 후 이탈리아의 팔라초는 영국과 프랑스에 전해져 궁전 건축의 시초가 되었어. 궁전을 뜻하는 영어 '팰리스(palace)'와 프랑스어 '팔레(palais)'도 모두 팔라초에서 비롯한 말이란다.

으리으리, 99칸 조선 기와집

이번엔 조선 시대의 99칸 집에 대해 알아볼까?

설마 지금 방이 몇 개인지 세고 있는 거니? 하하 헛수고일 거야. 99칸 집을 보통 방 개수가 99개인 집으로 알고 있는 경우가 많은데, 그건 아니란다. 한옥에서는 기둥과 기둥 사이의 1평 남짓한 공간을 '칸'이라고 해. 방 하나가 꼭 한 칸이란 법은 없어. 방 크기는 다양하니까. 어쨌든 99칸 기와집이라고 하면 크기나 모습이 엄청나게 으리으리한 집인 건 틀림없지!

그렇다면 어떤 사람들이 99칸 집에 살 수 있었을까? 찬찬히 살펴볼 테니, 한번 들어 보렴.

조선 시대에는 '양천제'라고 해서 신분을 크게 양인-천민으로 구분하고 양인을 다시 양반-중인-상민으로 나누었어. 그래서 실제로는 양반-중인-상민-천민 네 계층으로 나뉘었지. 신분의 벽도 무척 높았을뿐더러 신분에 따라 생활하는 모습도 달랐단다.

사는 집 역시 신분에 따라 나뉘어 있었어. 양반은 주로 기와집, 중인과 상민은 초가집에 살았어. 물론 양반일지라도 가난하면 초가집에 살 수밖에 없었고, 중인과 상민일지라도 형편이 좋으면 기와집에서 살 수 있었지. 하지만 노비나 백정 같은 천민들은 양반과 중인 집에 빌붙어 살거나 아예 집이 없는 경우도 많았단다.

특히 같은 양반이라도 권세가 높고 돈 많은 이들은 으리으리한 기와집을 짓고 살았어. 말이나 가마를 타고 드나들 수 있게 높이 올려 지은 솟을대문은 기본이고 행랑채, 사랑채, 안채, 별채뿐 아니라 조상의 신주를 모시는 사당과 정자와 연못까지 두었을 정도지. 신주는 죽은 사람의 이름을 적은 나무패를 말한단다.

높은 벼슬에 올랐거나 이름 있는 양반 가문일수록 집을 더 크게 지었어. 하지만 신분과 벼슬에 따라 칸 수가 정해져 있기 때문에 무턱대고 큰 집을 짓거나 화려하게 치장할 수는 없었단다. 조선 시대에는 신분과 벼슬에 따라 집 크기와 장식을 제한했거든.

이 규정에 따르면 집을 지

을 때 대군은 60칸, 군과 공주는 50칸, 옹주나 종친 및 2품 이상의 벼슬아치는 40칸, 3품 이하는 30칸, 일반 백성은 10칸 이하로 지어야 했어. 아무리 돈이 많은 일반 백성이라도 지배층과 같은 집을 지을 수 없었지.

그뿐 아니라 살림집에는 주춧돌 외에는 매끈하게 다듬은 돌을 쓰는 것도 금지되었어. 사당이 아닌 곳을 화려하게 색칠하거나 단청으로 칠하는 것도 덩달아 금지되었지.

하지만 명문가의 경우 이 규정을 어겼다고 해서 벌주기는 쉽지 않았어. 왕실의 군이나 공주부터 법을 어겨 큰 집을 지었고 이를 벼슬아치들이 따라 했기 때문이지.

그래서 조선 후기로 갈수록 이 규정을 지키지 않는 경우가 많아져 '양반집은 99칸까지 지을 수 있다'라는 말이 나왔어. 실제로 100칸 넘는 집까지 지어졌을 정도야.

어쨌든 99칸 집은 조선 시대 양반가에서 지을 수 있는 가장 큰 규모의 집이었단다. 99칸 집을 지을 수 있다는 것은 그 집안이 어마어마한 명문가라는 걸 상징하기도 했어.

지금까지 남아 있는 조선 시대 99칸 기와집 중 손꼽히는 것은 강원도 강릉에 있는 선교장이야. 인근에 있는 경포호가 지금보다 넓었을 때 사람들은 호수를 배 타고 건넜어. 그래서 마을 이름을 '배 나리 마을(선교리)'이라 했대. 선교장이라는 이름은 여기서 비롯했어.

선교장은 효령 대군의 11대손인 이내번이 짓기 시작하고 후손들이 완성한 집이야. 열화당이라 불리는 사랑채를 비롯해 안채, 동별당, 서별당, 행랑채, 사당 등이 잘 보존되어 있단다.

선교장에는 수백 평의 연못 위에 세워진 활래정이라는 정자도 있어. 집주인은 여름에 활래정에서 차를 마시며 연못 위에 떠 있는 연꽃을 바라보곤 했겠지. 선교장은 아름다운 정원도 갖추고 있어. 이렇듯 선교장은 조선 시대 명문가 집의 참모습을 보여 주고 있단다.

▼ 선교장

왕의 집, 궁전·궁궐

그렇다면 신분을 상징하는 화려한 집 중 으뜸은 무엇일까? 맞아. 황제나 왕이 살던 궁전이야. 다른 말로는 궁궐이라고도 해.

한국과 중국에서는 궁전보다는 궁궐이라는 말을 더 많이 써. '궁'은 황제와 왕을 비롯해 황족과 왕족이 생활하는 공간을, '궐'은 궁을 둘러싼 담인 성루와 성문을 뜻한단다.

궁전은 대개 황제나 왕이 나랏일을 돌보는 공간, 가족들과 함께 생활하는 공간, 휴식을 취하는 정원 공간으로 크게 나뉘었어. 또 그 시대를 주름잡는 최고의 지식인과 건축가가 힘을 모아 지은 최고의 건축물이라 역사적 가치가 무척 높지. 세계 곳곳에 있는 궁전만 돌아보아도 세계 건축의 역사를 짐작할 수 있을 정도란다.

동서양 할 것 없이 한 나라를 다스리는 황제와 왕은 가장 좋은 터에 화려하고 웅장한 궁전을 짓고 살았어. 절대적인 권력을 백성에게 과시하고 왕실의 위엄을 드높이기 위해서였지.

세계에서 가장 호화롭고 아름답기로 이름난 베르사유 궁전은 그 대표적인 예라고 할 수 있어. 프랑스 왕 루이 14세가 베르사유 궁전을 짓게 된 까닭도 아주 재미나단다.

당시 루이 14세는 신하인 니콜라 푸케가 새로 지은 성에 초대를 받았어. 푸케의 성은 눈이 휘둥그레질 정도로 드넓고 화려한 데다 분

수가 솟구치는 정원까지 있었단다. 루이 14세는 신하 주제에 궁전보다 호화로운 성에 사는 푸케에게 크게 분노했어. 그래서 푸케를 감옥에 보내 버린 후 건축사들과 조경사들을 불러 명령했지. 베르사유에 있는 별궁을 뜯어고쳐 푸케의 성보다 화려하고 넓고 아름다운 궁전을 세우라고 말이야. 그렇게 해서 탄생한 것이 바로 베르사유 궁전이란다.

2층으로 된 베르사유 궁전은 전체 길이가 700미터나 된단다. 모든 곳이 화려하고 아름답지만 분수와 조각상, 연못과 꽃밭이 아름답게 어우러진 넓은 정원과 '거울의 방', 오페라 극장이 특히 유명하지. 베르사유 궁전은 다른 나라의 궁전 건축에도 큰 영향을 끼쳤어.

한편 한국의 궁궐은 삼국 시대와 남북국 시대, 고려 시대에 지어진 것은 모두 사라지고 조선 시대의 5대 왕궁만 서울에 남아 있단다. 경복궁, 창덕궁, 창경궁, 덕수궁, 경희궁이 그것이지.

이 중에서 경복궁은 조선이 도읍지를 한양으로 정한 후 가장 먼저 세운 궁궐이야. '임금의 큰 은혜와 어진 정치로 모든 백성이 아무 걱정 없이 살아간다'라는 뜻이 담겨 있단다. 태조 때인 1395년 완공했으나 임진왜란 때 불에 타 고종 때인 1865년에 다시 지었지. 경복궁에는 새 임금의 즉위식과 혼례식을 치르고 신하가 임금에게 인사를 올리던 근정전, 임금이 나랏일을 돌보던 편전, 왕비가 살던 교태전,

▲ 경복궁 전경

외국 사신을 맞고 왕실의 잔치를 벌이던 경회루, 자경전 꽃담 등 볼거리가 아주 많단다.

창덕궁은 약 270년 동안 조선의 임금이 머물며 나랏일을 돌보았던 궁궐이고, 창경궁은 성종이 대왕대비를 모시기 위해 창덕궁 동쪽에 지었던 궁궐이야. 덕수궁은 원래 성종의 형인 월산 대군의 집이었는데 임진왜란 때 경복궁이 불타 없어지자 선조가 임시로 쓰면서 궁궐이 되었지. 광해군 때 지어진 경희궁은 일제 강점기에 일본이 대부분 허물어서 지금은 일부 건물만 초라하게 남아 있단다.

신분을 상징하는 화려한 집 이야기를 듣고 나니 무슨 생각이 드니? 예나 지금이나 돈과 권력을 가진 사람은 크고 화려한 집을 짓는다는 거?

자, 그럼 이제 네 번째 장소로 가 볼까?

집이 어디세요? 어디 사세요?

앞에서 신분을 상징하는 화려한 집들을 알아봤어요. 그런 집들이 옛날에만 있었던 것은 아니에요. 오늘날에도 집은 그 사람의 신분이나 형편을 짐작게 해 주는 잣대가 되기 때문이지요.

사람들은 누군가를 만나면 곧잘 "집이 어디세요?", "어디 사세요?"라고 묻곤 해요. 심지어 몇 평짜리 집에 사는지까지 묻기도 하지요.

그러면 질문을 받은 사람은 자기가 사는 동네의 위치, 혹은 아파트인지 단독 주택*인지 집의 형태를 말하게 돼요. 집 크기를 궁금해하는 이들에겐 이렇게도 대답하지요. 50평짜리 아파트에 산다, 20평짜리 빌라에 산다, 원룸에 산다, 등등.

물론 서울 압구정동처럼 집값이 높은 동네나 타워팰리스처럼 누가 들어도 알 만한 이름난 집에 사는 사람들, 평수가 넓은 집에 사는 이들은 그런 질문이 별로 불편하지 않을 거예요. 아니, 어쩌면 으쓱하는 마음으로 대답을 할지도 몰라요. 굳이 표현하지 않아도 그 대답 속에는 '나는 이런 동네에서 이만한 집에 살 수 있을 만큼 돈이 많다'라고 밝히는 셈이니까요.

*단독 주택 한 건축물에 한 집안 식구가 독립해 사는 구조의 집. 건축물 주변 일정한 땅에 다른 건축물이 없음.

생각해 볼 거리

오죽하면 고급 아파트를 선전하는 텔레비전 광고에 '집이 사람을 만듭니다', '당신이 사는 곳이 당신을 말해 줍니다'라는 문구까지 등장했을까요?

그와는 반대로 집값이 싼 동네나 허름하고 작은 집에 사는 경우에는 자기가 사는 동네나 집 형태를 말하는 일이 선뜻 내키지 않을 거예요. 그런 질문을 받는 것 자체를 불쾌하게 여길 수도 있고요.

그래서 처음 보는 사람에게 "집이 어디세요?", "어디 사세요?"라고 묻는 것은 실례가 될 수 있다는 걸 기억해 두었으면 해요.

더구나 우리나라는 집값 상승률이 높은 데다 남의 집을 빌려 쓸 때 내는 전세, 월세도 소득에 비해 세계 최고 수준이랍니다. 특히 수도인 서울의 집값은 어마어마하게 비싸요. 서울에서 집 한 채를 마련하려면 버는 돈을 약 20년 동안 한 푼도 쓰지 않고 꼬박 모아야 한다는 통계까지 있을 정도예요.

어디 그뿐인가요? 서울에서도 집값이 가장 높은 강남구에 집을 마련하려면 20년보다 훨씬 더 오랫동안 돈을 모아야 하지요. 우리나라에서 좋은 집을 얻기란 이토록 하늘의 별 따기예요.

루돌프 사슴이 끄는 눈썰매는 다시 깜깜한 하늘을 쏜살같이 날아갔어.

잠시 후 우리가 도착한 곳은 너무너무 이상한 곳이었어. 글쎄 발아래가 푹신푹신하고 금방이라도 꺼질 듯한 게, 마치 짚 더미 위를 걷는 것 같지 않겠어?

게다가 조금 떨어진 곳에 풀로 지은 집이 빼곡하고 저만치엔 갈대밭과 출렁거리는 호수도 보였어.

"산타 할아버지, 웬 호수예요? 도대체 여긴 어디예요?"

내가 묻자 산타 할아버지는 약간 쓸쓸한 표정을 지었어.

"케빈, 여기는 티티카카 호수에 있는 갈대섬이고, 저 집들도 갈대로 지은 거란다. 이곳 아이들에게는 선물을 더 듬뿍 주고 가려고 해."

"왜요? 아이들이 엄청 착한가 보죠?"

"그게 아니라 갈대섬과 갈대집에 아픈 역사가 있기 때문이야. 네 번째 열쇠를 가지고 찾아갈 집들도 모두 아픈 역사가 담긴 집들이지."

집에 아픈 역사가 담겨 있다니, 너무 궁금하지 않니?

나는 산타 할아버지를 쫓아 갈대집으로 향했어.

너희도 나를 따라와!

잉카인의 눈물에 띄운 집

티티카카 호수는 남아메리카의 페루와 볼리비아 국경에 자리 잡고 있어. 안데스산맥 한복판, 해발 3,810미터나 되는 곳에 있기 때문에 배가 다닐 수 있는 호수 중에서는 세계에서 가장 높은 곳에 있는 호수로 손꼽히지.

티티카카 호수에는 크고 작은 여러 섬이 있는데, 그중 우로스섬의 원주민인 우루족은 갈대로 만든 인공 섬 위에 갈대집을 짓고 살아.

15~16세기 지금의 페루 영토에는 잉카 제국이 있었어. 잉카 제국은 아메리카 3대 문명 중 하나인 잉카 문명을 일으킨 나라였지. '티티카카'라는 이름도 잉카 시절의 역사를 담고 있어.

잉카 시절 이 호수 주변에는 퓨마가 많이 살았다고 해. 이곳 원주민들의 언어로 '티티'는 퓨마, '카카'는 회색이라 '티티카카'는 '회색 퓨마'라는 뜻이야. 잉카 사람들은 퓨마를 힘의 상징으로 여겼기 때문에 호수 이름을 티티카카라고 했다는구나.

크게 번영했던 잉카 제국은 마지막 황제 아타우알파가 스페인 군대에 잡혀 죽으며 멸망하고 말았어. 잉카 사람들도 죽거나 뿔뿔이 흩어지게 되었지.

잉카 시절 전부터 티티카카 호숫가에 살았던 우루족도 덩달아 큰 피해를 입었어. 스페인 군대의 핍박을 피하기 위해 호수 한가운데로

피난을 가야 했거든.

이때 우루족은 지혜를 발휘했어. 티티카카 호수에서 자라는 '토토라'라는 갈대를 베어, 얼기설기 엮고 겹겹이 쌓아 갈대섬을 만들었던 거야. 토토라는 다 자라면 길이가 5~7미터나 되는 데다 물에 잘 뜨거든. 그래서 토토라로 만든 갈대섬은 두께가 3미터나 되지만 가라앉지 않고 물 위에 둥둥 떠 있을 수 있단다.

갈대섬을 만든 우루족은 집도 갈대로 지었어. 굵은 나무로 지붕과 벽의 뼈대를 만든 후 갈대로 짠 멍석으로 지붕과 벽을 감싼 집이었지. 지금 있는 우로스섬의 학교, 우체국, 교회, 배도 모두 갈대로 만든 것이란다.

갈대섬은 갈대로 만든 섬이라 물에 잠겨 있는 아랫부분이 계속 썩어 들어가는 단점이 있어. 그래서 석 달에 한 번 정도는 새로운 갈대를 쌓아 올려 섬의 높이를 일정하게 유지시켜 주어야 하지.

▲ 스페인 군대에 붙잡힌 잉카 황제 아타우알파

어둠을 밝히는 믿음의 빛

이번엔 터키 중부에 있는 카파도키아라는 곳으로 가보자꾸나.

카파도키아에 가면 원뿔 모양, 버섯 모양, 도토리 모양, 고깔 모양 등 여러 모양으로 우뚝 솟은 커다란 바위들이 한눈에 들어온단다. 약 300만 년 전, 화산 폭발로 쏟아져 나온 용암과 화산재가 바위로 굳었고 이 바위는 오랜 세월 비바람에 시달렸어. 이 과정에서 지금과 같은 모양이 되었지.

좀 더 가까이 가서 살펴보면 높이 솟은 바위 속에 동굴이 있는 모습을 볼 수 있어. 하지만 단순한 동굴이 아니라 바위를 일부러 뚫거나 깎아 만든 동굴집이란다. 바위 속에 왜 동굴집을 만들었느냐고? 그 이야기를 하려면 1~4세기 무렵 로마 제국 시대로 거슬러 올라가야 해.

그 무렵 로마 제국은 터키 일대를 점령한 후, 기독교를 믿던 사람들을 마구 죽이고 위협했어. 기독교인들이 하느님만 떠받들고 로마 황제 숭배

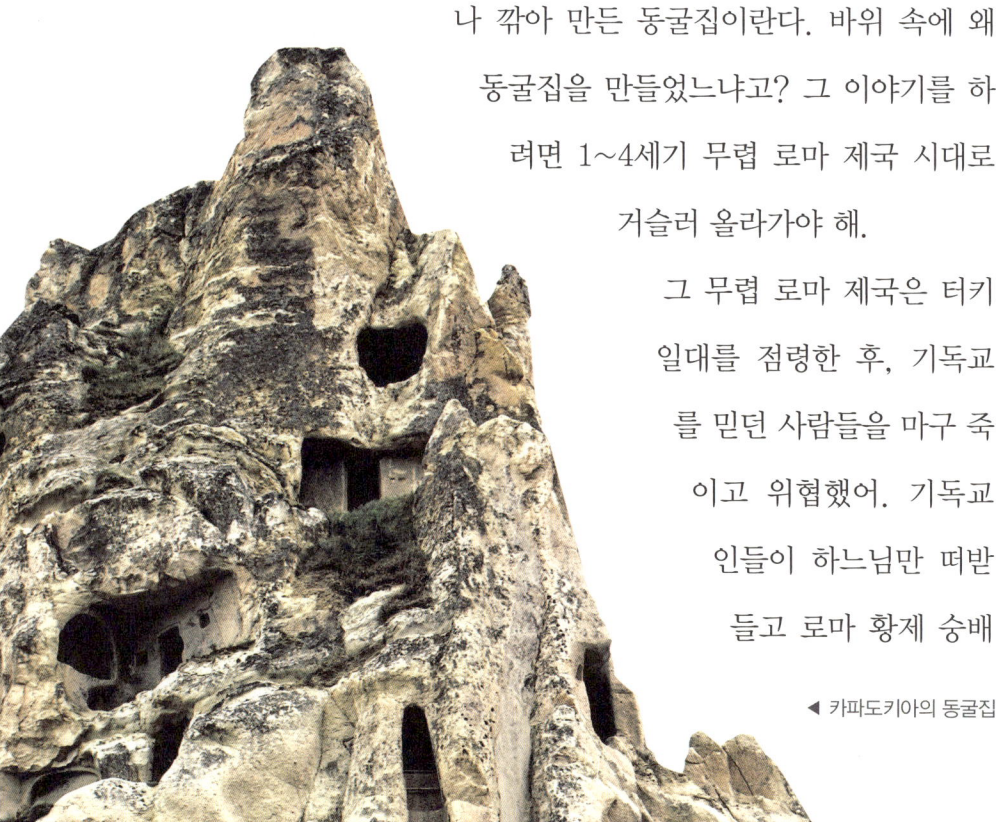

◀ 카파도키아의 동굴집

를 거부했기 때문이야. 터키 사람들은 두려움에 떨면서도 믿고 따르던 기독교를 버릴 수 없었지. 하지만 그대로 있다가는 목숨이 위태롭기 때문에 어디론가 몸을 피할 곳을 찾아내야 했어.

그때 몇몇 사람들이 생각해 낸 것이 카파도키아의 바위산이었어. 바위를 파낸 곳에 집을 만들어 그 안에 숨기로 한 거야. 카파도키아의 바위들은 겉으로는 무척 단단하고 거칠어 보이지만 속은 무른 편이었거든.

기독교인들은 카파도키아로 몰려가 삐죽삐죽 솟은 바위들을 파내고 깎아 동굴집을 만들었어. 적들이 쳐들어오지 못하게 출입문은 높은 곳에 만들고, 동굴집을 드나들 때는 사다리나 밧줄을 타고 오르내렸지. 터키는 날씨가 더운 편인데 바위를 파내 지은 동굴집은 서늘하고 습기도 적당해 살기에 괜찮았어. 겨울에도 화덕을 피우면 춥지 않고 따뜻하게 지낼 수 있었지.

터키의 기독교인들은 바위 속에 집뿐만 아니라 교회도 만들었어. 그래서 한때 카파도키아의 동굴집과 동굴 교회에 3만 명이나 되는 기독교인이 살았다고 해.

카파도키아의 동굴집에는 1950년대까지만 해도 사람들이 많이 살았지만 지금은 비어 있거나 관광객들이 묵는 호텔이나 기념품 가게로 바뀌었어.

카파도키아에 가면 바위 속 동굴집뿐 아니라 땅속에 있는 거대한 지하 도시도 볼 수 있어. 바로 '깊은 우물'이란 뜻을 지닌 '데린쿠유' 마을이지. 지하 도시 데린쿠유 마을은 1960년에 닭을 쫓던 농부가 우연히 발견했어. 7~11세기에 이슬람교를 믿는 세력이 터키를 지배했을 때 기독교인들이 숨어 살던 곳이라고 해.

지금은 지하 50미터까지만 공개하고 있지만 원래는 지하 70~80미터까지 도시가 뻗어 있어. 그렇게 깊이깊이 파고 들어갔다니, 굉장하지 않니? 이 깊고 깊은 지하 도시에서 약 8,000명이 살았을 거라고 해. 데린쿠유엔 집뿐 아니라 교회, 우물, 창고, 외양간, 학교, 감옥 등 거의 모든 시설이 갖추어져 있었단다.

한편 스페인 남부 그라나다에도 동굴집이 있어. '쿠에바'라고 불리는 이 동굴집은 15세기 말 유럽을 떠돌던 집시들이 이슬람 왕조의 탄압을 피해 언덕을 파고 지은 집이야. 쿠에바에는 지금도 집시들이 사는데 현대 시설이 갖추어져 불편한 점은 없다고 해.

하얀 집 잔혹 동화

이탈리아 남부 풀리아주에 있는 작은 도시 알베로벨로에는 검정색 고깔모자를 쓴 듯한 원뿔 모양의 하얀 집, '트룰로'가 빼곡이 늘어서 있단다. 옛 시가지를 중심으로 트룰로 1,000여 채가 모여 있어 보기에 장관이야. 그래서 그곳을 방문한 사람들은 동화 속 마을 같은 아름다운 모습에 넋을 잃곤 하지.

하지만 지금의 아름다운 모습 뒤에는 옛 농부들의 설움의 역사가 담겨 있단다.

원래 알베로벨로는 석회암으로 뒤덮인 거친 돌밭이었고, 16세기만 해도 스페인 왕실이 지배하는 땅이었어. 어느 날 알베로벨로에 살던 한 귀족이 돌밭을 농장으로 만들겠다며 이탈리아 곳곳에서 농부들을 끌어모았단다.

문제는 세금이었어. 당시 스페인 왕실은 귀족의 영지 안에 있는 주택 수에 따라서 귀족에게 세금을 매겼거든.

귀족은 어떻게 하면 세금을 적게 낼까 궁리하다가 농부들에게 돌밭에 있는 석회암을 쌓아 집을 지으라고 했어. 대신 접착제를 절대로 쓰지 못하게 했지. 왕실에서 조사를 하러 오면 재빠르게 미리 집을 헐어 세금을 줄이려는 속셈이었어.

이 때문에 당시 알베로벨로의 농부들은 왕실에서 주택 조사를 나올 때면 집을 헐었다가, 조사가 끝나면 다시 짓기를 반복해야 했어. 사는 집을 맨날 헐었다 다시 지었다 하려니 농부들의 설움이 만만치 않았겠지?

트룰로는 이렇게 서글픈 역사를 안고 탄생했어. 그런데 뜻밖에도 집이 무척이나 튼튼하고 아름다웠던 거야. 그래서 알베로벨로 사람들은 스페인이 물러간 뒤에도 계속 트룰로를 지었단다.

트룰로는 두께 5~6센티미터의 납작한 잿빛 석회암으로 벽과 지붕을 쌓아 올린 돌집이야. 석회암 사이사이 빈틈에는 잔자갈을 채워 넣었지. 원뿔 지붕의 꼭대기와 벽에는 하얀 석회 반죽을 발라 마무리했단다.

특이한 점은 트룰로 한 채에 원뿔 모양 지붕이 여러 개라는 거야. 방마다 원뿔 모양 지붕을 올렸기 때문에 방이 세 개면 지붕이 세 개,

▼ 알베로벨로 전경

방이 다섯 개면 지붕도 다섯 개야.

또한 트룰로의 지붕에는 둥근 쟁반 모양이나 공 모양의 장식이 달려 있단다. 십자가나 하트, 별, 태양, 달, 촛대 등의 무늬가 그려져 있기도 하지. 알베로벨로 사람들은 그러한 장식과 무늬가 나쁜 기운으로부터 집을 보호해 준다고 믿는단다.

트룰로는 돌집이라 여름에는 꽤 시원하지만, 겨울에는 습하고 추운 편이야.

또한 트룰로는 오늘날에도 일반 주택과 가게 등으로 이용되고 있고, 1996년에는 유네스코 세계 문화유산으로도 지정되었단다.

문화 주택, 아픈 시대의 멋진 꿈

아픈 역사를 간직한 집이라면 일제 강점기에 조선 사람들이 살았던 문화 주택을 빼놓을 수 없을 거야.

일제 강점기는 1910년 조선이 일본에게 국권을 빼앗긴 후 1945년 8월 15일 해방을 맞기까지, 조선 사람들이 일본의 식민 통치를 받으며 고난을 겪었던 시기를 뜻해. 당시 조선 사람들은 가혹한 탄압과 약탈을 일삼는 일본에 맞서 독립운동을 하며 강하게 저항했지.

하지만 일제 강점기에는 모든 면에서 일본의 영향을 받을 수밖에 없었어. 집도 마찬가지였지. 서양식 주택인 양옥에 일본식이 더해진 문화 주택이 일제 강점기에 지어져 크게 유행했거든.

서양식 건물이 처음으로 한반도에 들어온 건 조선 후기인 1880년대였어. 조선의 26대 왕이자 대한 제국의 첫 번째 황제였던 고종이 원산, 부산, 인천, 세 항구를 열며 외국 문물을 받아들이자 외국 상인들의 집이 이 세 지역에 들어섰거든.

1890년대부터는 서울에서도 서양 주택이 첫선을 보였어. 영국, 프랑스 등 서양 외교관들이 사는 공사관이 지어지면서였지. 서양 공사관은 비탈진 뾰족지붕에 차양과 처마, 발코니가 있는 2층 집이었어. 한옥과는 완전히 달랐지. 조선 왕족들과 지위 높은 관리들은 서양 공사관을 모방해 양옥을 짓기 시작했어. 특히 대한 제국이 망하고

▲ 1930년대에 지어진 '홍난파 가옥'

일제 강점기가 되면서는 일본으로부터 귀족 작위를 받은 친일파들이 너도나도 양옥을 지어 살았지.

하지만 이때만 해도 양옥은 외국인이나 소수의 조선 상류층만 사는 집이었어. 그러다가 1930년대부터는 '문화 주택'이라는 독특한 양옥이 나타나 조선 사람들 사이에 널리 퍼져 나갔단다.

문화 주택은 서양식과 일본식을 섞은 것으로, 1922년 도쿄에서 열린 박람회에서 처음 선보였어. 부부와 자녀로 이루어진 도시 4인 가족을 위한 2층짜리 집이었지. 문화 주택은 뾰족지붕에 발코니와 베란다를 갖추었고 잔디가 깔린 마당에는 자그마한 정원이 있었어. 실내에는 서재, 거실, 부엌, 침실, 욕실을 갖추고 있었지. 거실과 부엌은 소파와 식탁을 놓아 서양식으로 꾸민 반면 침실에는 다다미를 깔아 일본식으로 꾸몄단다. 다다미는 마룻바닥에 까는 일본식 돗자리를 말해. 여름에는 습기를 빨아들이고 겨울에는 냉기를 막아 주지.

그러다 1929년 서울 경복궁에서 열린 조선 박람회에서 20~40평 크기의 문화 주택 세 채가 전시되어 조선에 널리 퍼지게 되었던 거야. 특히 조선에 지어진 문화 주택은 방에 다다미 대신 온돌을 놓은 것이 특징이었어. 서양, 일본, 조선의 세 가지 주택 양식이 집 한 채에 함께 어우러져 있었던 셈이야.

문화 주택은 일제 강점기가 끝나고 해방이 되면서 한국 사회에 더욱더 널리 퍼져 갔어. 특히 6·25 전쟁 후 주택 문제를 해결하기 위해 지어진 집들은 거의 다 서양식 주택이었고 예외 없이 문화 주택으로 불렸지. 이후 문화 주택은 1970년대 새마을 운동*이 한창이던 시절에는 '새마을 주택'으로 불리며 한국에 양옥 바람을 일으켰단다.

아픈 역사가 담겨 있는 집들은 세계에 더 많이 있을 거야. 하지만 이번엔 여기까지만 살펴보기로 할게. 하룻밤 동안 돌아보아야 할 집이 워낙 많아야 말이지.

자, 그럼 다음 장소로 또 이동하자꾸나!

***새마을 운동** 농촌의 생활 환경을 개선하고 농가 소득을 높이기 위해 정부에서 시작한 운동.

전통 한옥은 다 어디로 갔을까?

여러분은 지금 어떤 집에서 살고 있나요? 아마 아파트에 사는 경우가 가장 많고 그다음으로는 단독 주택, 연립 주택, 빌라일 거예요. 단독 주택이라도 우리나라 전통 집인 한옥에 사는 경우는 드물겠지요. 요즘은 단독 주택도 대부분 양옥으로 지으니까요.

지금 한옥을 보기 힘든 까닭은 우리나라가 일제 강점기와 6·25 전쟁이라는 큰 사건을 겪은 탓이 가장 커요.

우선 36년이나 계속된 일제 강점기에 서양, 일본, 조선 양식이 섞인 문화 주택이 보급되면서 한옥이 급격히 사라졌어요. 당시에 새로 집을 지은 사람들은 한옥보다 문화 주택을 더 좋아했거든요. 이미 있던 한옥도 양옥을 본떠 고쳐 짓는 경우가 많았지요.

특히 일제 강점기에는 일자리를 찾아 시골에서 몰려든 사람들로 도시에 집이 부족했어요. 그러자 몰락한 명문가의 커다란 한옥을 헐어 여러 개의 작은 한옥으로 고쳐 지었지요. 그 집들은 전통 한옥이라기보다 '무늬만 한옥'인 경우가 대부분이었어요.

그 후 6·25 전쟁을 거치면서 한옥은 보기 더 어렵게 되었어요. 전쟁통에 한옥들이 많이 불타 없어지고 주재료인 나무마저 부족해져 새 한옥을 짓기 힘들었기 때문이에요. 그래서 1960년대부터는 한옥을 지을

생각해 볼 거리

때도 나무 기둥 대신 콘크리트 기둥을 세우고, 벽돌이나 타일 등 불에 타지 않는 재료를 쓰기도 했지요.

한옥이 자취를 감춘 또 하나의 이유는 가족의 규모가 점점 줄어들었기 때문이에요. 한옥은 대문이 있는 데다 방이 많아 대가족이 살기에 적당한 집이었어요. 하지만 가족 수가 줄어들면서 방이 많은 집이 필요 없어졌지요.

이때 나타난 것이 개량 한옥이에요. 대문을 열고 들어가면 마당에 작은 꽃밭이 있고, 수돗가를 중심으로 서너 개의 방이 마주 보게끔 지은 집이지요. 개량 한옥은 1970년대부터 우리나라에 급속히 퍼졌고, 1980년대에는 개량 한옥에 사는 사람이 아주 많았어요.

그러나 그 후 가족의 규모는 더욱 줄어들어 부모와 자녀로만 이루어진 핵가족이 많아졌어요. 게다가 1990년대부터는 여러모로 살기에 편한 아파트가 대규모로 지어지면서 개량 한옥보다는 아파트에 사는 사람들이 늘었지요.

이처럼 한옥이 사라진 데는 여러 가지 이유가 있어요. 하지만 다행히도 요즘엔 우리 한옥의 우수성이나 아름다움에 반해 한옥에서 살고 싶어 하는 사람들도 점점 늘고 있답니다.

다섯 번째 장소에 도착한 나는 어리둥절했어. 분명히 세 번째 열쇠를 가지고 찾아갔던 로마 제국 같은데, 주변 집들이 저층 아파트처럼 보였거든.

"어, 여기는 다시 로마 제국이에요? 저 집들은 아파트고요?"

내가 묻자 산타 할아버지가 빙긋이 웃었어.

"케빈! 눈썰미가 좋구나. 그래, 다시 옛 로마 제국으로 왔단다. 저 집들은 '인슐라'란다. 아파트나 연립 주택 같은 집을 공동 주택이라고 하는데 인슐라가 그 원조거든."

"그럼 다섯 번째 열쇠로는 공동 주택들을 찾아가는 건가요?"

내 말에 산타 할아버지가 숫자 '5'가 새겨진 열쇠를 들어 보였어.

"맞다. 어서 가자."

나는 신이 나서 얼른 산타 할아버지 뒤를 따랐어.

산타 할아버지에게 들은 다섯 번째 집 이야기, 그대로 전한다!

인슐라와 로마 제국의 역사

공동 주택이란 한 건물 안에서 여러 세대가 땅, 복도, 계단, 시설 등을 함께 사용하면서도 서로 독립된 생활을 할 수 있게 지은 집을 뜻해. 아파트와 연립 주택, 다세대 주택이 공동 주택이야.

공동 주택의 뿌리를 찾으려면 로마 제국 시절로 거슬러 올라가야 해. 로마 제국은 기원전 2세기 중엽부터 인구가 급증했어. 역사가 에드워드 기번에 따르면 1세기쯤에는 노예까지 합해 인구가 8,000만

▲ 오스티아 인슐라

명이나 되었지. 앞에서 로마 귀족의 집인 '도무스' 이야기를 할 때도 설명했지만, 주변을 차례차례 정복하면서 나라가 크게 번성했기 때문이야. 그러다 보니 인구수에 비해 집이 턱없이 모자랐단다.

그러자 부자 귀족들이 여러 세대가 살 수 있는 집을 지어 세를 놓기 시작했어. 그게 바로 최초의 공동 주택으로 꼽히는 '인슐라'란다. 인슐라는 보통 4~5층짜리였어. 1층은 상점이고 2층부터는 살림집인 구조였지. 거주 공간은 세대마다 독립되어 있었지만 수도와 화장실은 공동으로 사용했어.

2세기 무렵 로마에는 도무스가 2,000여 채, 인슐라는 5만여 채가 있었다고 해. 또 다른 통계 자료에는 로마 주택 중 인슐라가 90퍼센트였다고도 하니 인슐라가 얼마나 많았을지 짐작이 가지?

▲ 오스티아 인슐라 내 에로스와 프시케 조각

인슐라는 원래 높이 제한이 있어 4층 이상으로는 짓지 못했어. 하지만 집주인인 로마 귀족들은 돈에 눈이 멀어 세입자를 더 많이 받으려고 7~8층, 심지어는 10층까지 올려 짓기 일쑤였단다. '세'는 남의 집을 빌려 쓰고 그 값으로 내는 돈을 말해. 따라서 세입자란 돈을 내고 남의 집을 빌려 쓰는 사람을 뜻하지.

인슐라는 콘크리트 위에 나무로 지은 목재 주택인 데다 날림으로 지은 경우가 많았어. 그래서 걸핏하면 무너져 내리기 일쑤고, 화재가 일어나 불타 없어지기도 했어. 기원전 64년 네로 황제 시절에 발생해 로마 시내의 절반을 태운 대화재도 인슐라가 빼곡하게 들어찼던 지역에서 시작되었다고 해.

네로 황제는 대화재 후 인슐라를 새로 지을 때는 불에 타기 쉬운 나무 대신 돌, 벽돌, 콘크리트를 사용하게 했어. 또 높이는 7층에 20미터 이하로 제한하고 불이 번지지 않도록 옆 건물과 3미터 이상 간격을 띄워 짓게 했지. 불이 났을 때 이웃 세대로 쉽게 피할 수 있도록 각 세대마다 발코니를 의무적으로 설치하도록 했단다.

이후 로마 제국이 힘을 잃고 쇠퇴하면서 중세 시대에는 인슐라 같은 공동 주택은 더 이상 발달하지 못했어. 공동 주택은 도시가 발달해 인구가 급격하게 늘 때 생겨나는 주거 양식이기 때문이야.

그래서 공동 주택은 한동안 주택의 역사에서 뒷전에 머물러 있었단다. 하지만 확실히 기억해야 할 사실은 이거야. 인슐라가 공동 주택의 원조라는 것!

핏줄끼리 똘똘 뭉쳐 지은 집

중국 푸젠성과 광둥성에 가면 '투러우(土楼, 토루)'라는 공동 주택을 볼 수 있어. 중국 소수 민족* 중 하나이자, 교육열이 높고 같은 핏줄끼리 단결력 강하기로 유명한 하카족(客家族, 객가족)이 모여 사는 집이지. 투러우는 남송 시절부터 지어지기 시작해 원나라 시대를 거쳐 명나라 때까지 이어졌어. 오늘날 남아 있는 것은 대개 명나라 때 건축된 것이지. 어떤 투러우는 지어진 지 1,000년이 넘는 것도 있단다.

투러우는 생김새가 아주 독특해. 높은 벽으로 한 바퀴 두른 후 벽을 따라 3~6층 높이의 집을 올린 형태야. 모양은 원형, 정사각형, 반원형, 오각형, 삼태기형 등 다양하단다. 하늘에서 내려다보면 더욱 신기해. 한가운데가 뻥 뚫려 있어 원형 투러우는 도넛 모양으로 보여. 정사각형 투러우는 가운데가 네모나게 비어 있지.

그중 원형 투러우가 가장 많아. 보통 원형 투러우 한 채는 지름이 40~60미터쯤 되고 둘레는 수백 미터나 된단다. 또 방이 100개 정도 있어 20~40가구, 200~300명이 함께 살 수 있다고 해. 방이 400개도 넘는 아주 큰 투러우도 있어. 이런 투러우에는 800명까지 살 수 있다고 하니, 정말이지 웬만한 아파트 뺨칠 크기 아니니?

---

*중국 소수 민족 중국은 전 인구의 92퍼센트를 차지하는 한족과 55개의 소수 민족으로 이루어져 있다. 한민족 혈통인 조선족을 비롯해 좡족, 만족, 후이족, 위구르족 등이 유명하다.

하카족이 왜 공동 주택을 짓게 되었냐고? 하카족은 원래 중국 북부와 중부에 살았는데, 송나라가 금나라에 밀려 남쪽으로 내려올 때 푸젠성과 광둥성으로 흘러들어 가게 되었어. 하카족은 원주민들과 어울리기 힘들다는 것을 깨닫고 자기들끼리 똘똘 뭉쳐 사는 게 안전하다고 생각했지. 그래서 외진 곳에 투러우를 짓기 시작했던 거야.

하카족은 외적이나 도둑을 막기 위해 전체 건물을 튼튼한 성처럼 설계했어. 출입문이 투러우 한 채에 하나야. 창문조차 적이 쳐들어왔을 때 활을 쏘기 위한 용도로 만들어져 무척 작고 수도 적단다.

이렇듯 하카족은 투러우를 지어 살면서 밖으로는 외적을 막고, 안으로는 자기들끼리 더욱 단결할 수 있었어. 투러우는 그 독특한 모양새와 뛰어난 건축 기술, 소수 민족의 공동 주택으로서의 가치를 인정받아 유네스코 세계 문화유산으로도 지정되었단다.

노동자의 행복을 위해

산업 혁명이 뭔지 아니? 그쯤이야 머리에 쫙 꿰고 있다고? 역시 그럴 줄 알았어.

산업 혁명은 18세기 영국에서 처음 시작해 유럽 여러 나라는 물론, 전 세계로 퍼져 나간 역사적 사건이야. 수많은 기계가 발명되고 물건이 대량으로 만들어지면서 세계는 농업 중심 사회에서 벗어나 산업 중심 사회로 바뀌었어. 사람들은 한결 편리한 생활을 하게 되었지. 자본가와 노동자가 중심이 되는 자본주의도 산업 혁명 덕분에 탄생했단다.

하지만 산업 혁명이 진행될수록 어두운 그늘도 생기게 되었어. 물론 돈 많은 자본가는 공장을 세워 물건을 많이 만들어 파니까 더 많은 돈을 벌 수 있었지. 하지만 기계가 물건을 만들어 내다 보니 노동자들은 제대로 대접을 받지 못했거든.

또 인구가 급증하면서 도시에 환경 문제가 생겨났어. 농사를 짓던 사람들이 공장에서 일하려고 수없이 도시로 몰려들었거든. 하늘은 공장 굴뚝에서 나오는 시커먼 연기로 가득 차고, 강물은 공장에서 버린 더러운 산업 폐수와 생활 오수로 오염되었지.

노동자들의 주거 환경도 이루 말할 수 없이 나빴어. 사람들이 한꺼번에 도시로 몰려들다 보니 집이 부족했고, 그러다 보니 노동자들은

　대개 온 식구가 남의 집 방 한 칸에 세 들어 살아야 했거든. 돈 많은 자본가들은 넓고 화려한 집에서 호화롭게 사는데 노동자들은 더럽고 비좁은 집에서 옹기종기 모여 힘겹게 살았단다.

　특히 이 무렵 영국의 노동자들은 석탄 창고와 헛간을 고쳐 지은 지하 셋방에 사는 경우가 많았어. 지하 셋방은 햇빛도 들지 않고 습기가 잘 차서 늘 축축했기 때문에 건강에 무척 해로웠어. 화장실과 목욕탕도 부족했고 부엌도 따로 없어 방구석에 화로를 놓고 음식을 만드는 바람에 화재 위험도 아주 컸지.

　심지어 지하 셋방 한 칸에 어린이들과 가축인 돼지가 함께 사는 경우도 많았단다. 농촌에서 돼지를 사서 재산을 불리던 습관이 당시 노동자들에게 남아 있었거든. 공장에서 임금을 받으면 돼지를 사서 집에서 길렀던 거야.

그러다 보니 언제부턴가 영국에는 폐결핵 환자가 들끓고 콜레라와 페스트 같은 무서운 전염병이 번져 갔어.

문제가 심각해지자 영국 정부는 노동자를 위한 공동 주택을 지어 보급하기 시작했어. 모든 세대가 햇빛을 골고루 받을 수 있게 창문을 내고, 화장실과 상하수도 시설도 설치했지. 이렇게 지은 노동자용 공동 주택을 '로우 하우스(row house)'라고 했어. '줄(row)지어 늘어선 집'이라는 뜻이지.

▲ 산업 혁명기 어린이 노동자

로우 하우스는 오늘날의 연립 주택과 비슷해. 2~3층짜리 주택이 벽을 공유하면서 맞붙어 있는 구조였거든. 영국의 로우 하우스는 이후 유럽 여러 나라로 퍼져 나가 독일과 프랑스 등에서는 6~7층짜리 노동자용 주택까지 선보였어.

혹시 우리가 잘 아는 아파트가 로우 하우스와 관련이 있다는 걸 알고 있니? 아파트는 영어 '아파트먼트(apartment)'를 줄인 말이라서 흔히들 영국이나 미국에서 유래한 말이라고 생각할 수 있지만 아니란다. 프랑스어 '아파르트망(appartement)'에서 비롯했거든.

아파르트망은 로우 하우스에서 좀 더 발전한 형태로, 19세기 프랑스에서 처음 지어진 7층짜리 주상 복합 건물을 뜻해. 1층에는 상가, 2층부터는 살림집이 들어가 있는 형태지. 2층이 로열층이라 가장 비싸고 위로 올라갈수록 값이 싸졌던 게 특징이란다. 아파르트망은 지금도 파리에서 흔히 볼 수 있는 대표적인 프랑스 주택이야.

한국 아파트의 무한 변신!

아파트는 한 채의 건물 안에 독립된 여러 세대가 살 수 있게끔 지어진 5층 이상의 공동 주택을 뜻해. 세계 어느 나라를 가더라도 흔히 볼 수 있는 대표적인 현대식 주택이지. 특히 국토가 좁고 인구가 많은 나라일수록 아파트가 합리적이고 효율적인 주거 공간으로 환영받고 있단다.

그렇다면 한국에는 아파트가 언제 처음 들어섰을까? 1950년대야. 중앙산업이라는 기업이 1956년 서울시 주교동에 사원용으로 중앙 아파트를 지으면서였지. 이 3층짜리 아파트에는 12세대가 살 수 있었는데 당시만 해도 별로 주목을 받지 못했어.

이후 중앙산업이 서울에 종암 아파트, 개명 아파트 등을 연달아 지어 일반인에게 분양했어. 모두 5층짜리 복도식 아파트였단다.

오늘날처럼 단지 안에 여러 동의 아파트가 들어선 단지 형태의 아파트는 1964년에 처음 등장했어. 한국 주택 공사가 서울 마포구 도화동에 지은 마포 아파트가 우리나라에 처음 들어선 단지형 아파트란다. 6층짜리 10개 동에 642가구가 입주했었지.

마포 아파트는 한국에 아파트 시대의 문을 열었다고 해도 지나치지 않지만 처음에는 전혀 인기를 끌지 못했어. 그때만 해도 사람들은 대부분 1층짜리 단독 주택에 살았기 때문이야.

하지만 텔레비전 드라마나 영화에서 아파트가 부잣집을 상징하는 최신식 주택으로 등장하면서 아파트에 대한 인식이 달라지기 시작했어. 돈 좀 있는 사람들이나 살 수 있는 고급 주택으로 주목받기 시작한 것이지.

1970년대에는 서울 여의도와 반포에 엘리베이터가 설치된 10층 이상의 아파트가 등장했어. 아파트에 '단지'라는 말이 붙고 한 단지에 수십 동의 아파트가 들어선 것도 이때부터야. 그 전에는 10~20평대에 지나지 않던 평수도 이때부터는 40평대까지 커졌지.

그 후 1980년대에는 서울 강남과 목동, 상계동, 경기도 과천 등에 대단지 아파트가 들어섰고, 20층이 넘는 아파트까지 지어졌어. 지방의 대도시에도 고층 아파트가 건설되기 시작했지. 1990년대에는 분당, 일산, 평촌 등에 신도시 아파트가 지어지면서 단지마다 'OO 마을'이라는 이름이 붙기 시작했단다.

그러다가 2000년대 초반부터 초고층 주상 복합 아파트가 등장하기 시작했어. 이런 아파트는 무려 60~70층 높이에 평수도 60~100평이나 되어 무척 크고 비쌌지. 대개 주거 공간과 상업 공간이 한 건물에 있는 구조란다. 1~2층에는 상점이나 헬스클럽 등이 있고 그 위층부터 주거용 공간이 있어.

한국은 서울과 수도권을 중심으로 아파트가 빠른 속도로 지어지고 발달했지. 1960~70년대에 산업과 경제가 빠르게 성장해서 수도권에 인구가 몰려 집이 부족했기 때문이야. 또 대가족에서 핵가족으로 가족 형태가 변화하면서 더 이상 크고 불편한 단독 주택이 필요하지 않았기 때문이기도 해.

각양각색, 세계의 빌라

한국의 공동 주택에는 아파트와 연립 주택, 다세대 주택이 있어. 아파트는 5층 이상이고 연립 주택과 다세대 주택은 4층 이하야. 또 바닥 면적이 660제곱미터 이상이면 연립 주택, 이하면 다세대 주택이지. 연립 주택과 다세대 주택을 한국에서는 보통 '빌라'라고 불러.

반면 서양 사람은 빌라라고 하면 교외에 있는 저택이나 별장을 떠올리지. 빌라는 고대 로마 제국 시절부터 지어지기 시작했어. 당시 하드리아누스 황제가 로마 교외인 티볼리에 넓은 정원을 갖춘 호화 저택을 짓고 '아드리아나 빌라'라고 이름 지은 데서 비롯했지.

▲ 아드리아나 빌라의 카노포 연못

그 후 빌라는 르네상스 시절에 크게 유행해 돈 많은 상인들이 별장으로 사용했어. 앞서 살펴보았던 메디치 가문 등 거상들이 도시에는 대규모 저택인 팔라초를 짓고 살고, 교외에는 별장인 빌라를 지어 틈틈이 가서 쉬었어.

지금도 영국에서는 완전히 독립됐거나 한쪽 벽만 이웃집과 연결된 작은 교외 주택을 빌라라고 해. 미국에서 빌라란 교외나 시골에 있는 호화로운 저택을 뜻하는 말이지.

그런데 한국에서는 '빌라'라는 말이 언제부턴가 '고급스런 공동 주택'이라는 뜻으로 사용되기 시작했어. 그뿐 아니라 실제로는 고급 주택은커녕 서민적인 다세대 주택이거나 연립 주택인데도 고급스럽다고 강조하거나 과장하기 위해 'OO 빌라'라는 식으로 포장하는 경우가 많아졌지. 그 후 연립 주택, 다세대 주택은 지어지는 족족 빌라라는 이름을 갖게 되었단다.

한국에 연립 주택이나 다세대 주택이 많아진 것도 1960~70년대에 서울의 인구

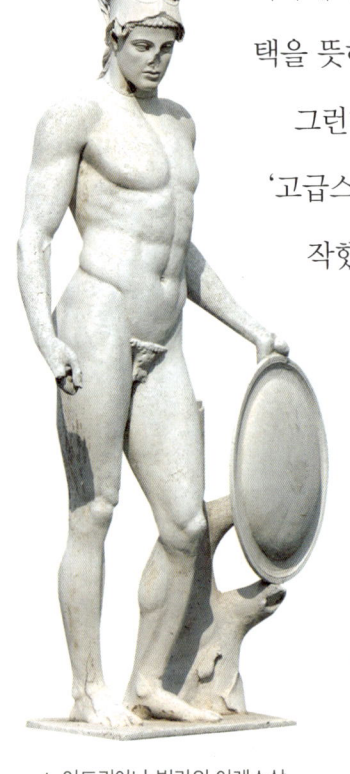
▲ 아드리아나 빌라의 아레스상

가 갑작스레 늘어난 데서 비롯했다고 볼 수 있어. 주택난이 심해지다 보니 개량 한옥의 문간방이나 아랫방 등을 셋방으로 내놓기 시작했거든. 그런데 문제가 생겼어. 한 가구만 살 수 있게 지은 집에 세를 놓으니, 부엌이나 화장실 등을 같이 써야 하잖아? 주인과 세입자 모두 불편할 수밖에 없었지.

그러자 개량 한옥을 헐고 2층짜리 양옥을 지어 1층은 세를 주고, 2층에는 주인이 사는 경우가 늘어났어. 화장실과 부엌이 따로 있으니 주인이나 세입자나 한결 독립적으로 생활할 수 있었지. 창고나 보일러실로 쓰던 지하실을 방으로 개조하거나, 옥상에 방을 들여 세를 주기까지 했어. 2층짜리 집이 실제로는 4층 집이 된 셈이지.

이런 집들이 규모가 커지면서 생겨난 게 연립 주택과 다세대 주택이야. 그리고 이런 주택에 난데없이 빌라라는 이름이 붙게 되었던 것이지. 서울 등 한국 대도시 여기저기에 '빌라촌'이 생겨난 데는 이런 역사가 담겨 있단다.

세계의 공동 주택 역사를 살펴보니 좀 뜻밖이지? 무엇보다 로마 제국 시대에 공동 주택의 원조가 있었다니 고개를 갸우뚱하진 않았니? 보통 공동 주택이라고 하면 오늘날의 아파트를 떠올리기 마련이니까 말이야.

자, 그럼 이제 여섯 번째 장소로 가보자꾸나.

대도시 집값은 왜 비쌀까?

얼마 전 한 신문에 눈길을 끄는 기사가 실렸어요. 서울에서 '내 집'을 마련하려면 번 돈을 20년 동안 한 푼도 쓰지 않고 모아야 가능하다는 내용이었지요.

그뿐 아니라 2017년 6월 기준으로, 서울은 소득 대비 집값 비율이 세계 267개 주요 도시 가운데 23번째로 높다는 이야기도 있었어요. '소득 대비 집값 비율'이란 집값이 가구의 일 년 평균 소득에 비해 몇 배인가 하는 것이에요.

이 기사에 따르면 서울 주택의 구입 부담은 2013년 이후 갑자기 늘어났어요. 실제로 서울 집값이 가파르게 오르기 시작한 것도 2013년부터지요. 서울의 소득 대비 집값 비율이 2013년 초에는 세계 137위였는데 2014년에는 110위, 2015년에는 96위, 2016년에는 44위이다가 2017년 초에는 33위로 계속 빠르게 높아졌거든요.

한편 세계에서 소득 대비 집값 비율이 가장 높은 도시는 중국 선전이며 홍콩, 베이징, 상하이, 뭄바이, 알제, 런던 등이 뒤를 잇는 것으로 조사되었어요. 싱가포르, 방콕, 리우데자네이루, 모스크바, 로마, 광저우, 텔아비브야파 등의 집값도 매우 높았고요.

이미 눈치를 챘겠지만 위에서 말한 도시는 다 세계의 대도시예요. 그

생각해 볼 거리

렇다면 대도시들은 왜 하나같이 집값이 비쌀까요?

세계 어느 나라 할 것 없이 대도시는 지방에 비해 좋은 학교와 직장은 물론이고 관공서, 병원, 영화관, 백화점, 공원 등 생활에 필요한 상업 시설이나 문화 시설이 몰려 있어요. 좋은 교육을 받고 좋은 일자리를 얻을 수 있는 데다 여러모로 살기도 편해 많은 사람들이 거주하고 싶어 하지요.

하지만 대도시라고 해서 땅이 무한정 넓은 것은 아니라 집을 지을 수 있는 땅이 제한되어 있어요. 살고 싶어 하는 사람은 많은데 집 지을 땅은 부족하니, 대도시의 집값은 높아질 수밖에 없지요.

대도시의 집값이 비싼 것은 오늘날의 일만도 아니에요. 앞서 살펴보았지만 로마 제국 시대의 로마, 산업 혁명기의 영국 런던, 조선 시대의 한양 등 한 나라의 수도였거나 인구가 많았던 대도시들은 모두 집값이 어마어마했으니까요.

그래서 각 나라 정부에서는 대도시의 주택 문제를 해결하기 위해 여러 가지 방법을 써요. 대도시에 있는 오래되어 낡은 집을 헐어 그 자리에 많은 사람들이 살 수 있는 고층 아파트를 짓거나, 대도시 주변에 신도시를 세워 인구를 분산시키는 것이 대표적인 방법이지요.

산타 할아버지와 밤새 돌아다니다 보니 나는 좀 지쳐 있었어. 선사 시대부터 현대에 이르기까지 세계 여러 곳에 있는 집들을 찾아다니려니 그럴 만도 하잖아?

눈치를 챈 것일까? 산타 할아버지가 조금 미안한 표정으로 말했어.

"케빈, 힘드니? 아직 열쇠가 두 개나 남았지만 이쯤에서 그만두어도 된다. 이젠 나 혼자 선물을 돌려도 될 것 같구나."

하지만 내가 누구니? 작년에 이웃 할아버지의 도움을 받긴 했어도, 어쨌든 나 홀로 우리 집을 지켜 낸 씩씩한 아이잖아? 게다가 난 한번 시작한 일은 중간에 그만두진 않아!

나는 주먹을 불끈 쥐며 소리쳤어.

"아니에요. 한번 시작한 일인데 끝까지 해야지요. 자, 어서 다음 장소로 가요!"

그러자 산타 할아버지가 활짝 웃으며 숫자 '6'이 새겨진 열쇠를 높이 흔들어 보였어.

"좋았어, 케빈! 이번엔 하늘 높이 솟은 집들을 찾아가자꾸나. 요새는 그런 집이 대유행이잖니."

하늘 높이 솟은 집이라니! 빌딩 같은 걸 말씀하시는 걸까?

나는 힘이 다시 솟아 얼른 산타 할아버지 뒤를 따랐어.

바벨탑, 하늘을 향한 인간의 욕망

'바빌론'이라는 옛 도시에 대해 들어 봤니? 이라크의 수도 바그다드 남쪽에 있는 이 고대 도시에는 '바벨탑' 이야기가 전해진단다.

집 이야기를 들려준다면서, 웬 탑 이야기를 하느냐고? 하늘 높이 솟은 집에 대해 이야기할 때 바벨탑을 빼놓을 수 없기 때문이야. 바벨탑은 하늘 높이 올라가려는 인류의 욕망을 상징하는 탑이거든.

구약 성서 『창세기』 11장에 나오는 이야기를 함께 살펴볼까?

> 온 세상이 모두 같은 언어를 쓰고 있을 때였다. 어느 날 사람들이 동쪽으로 오다가 한 들판에 이르러 자리를 잡고 의논했다.
> "어서 도시를 세우고, 꼭대기가 하늘까지 닿는 높은 탑을 쌓아 이름을 떨치자."
> 하느님이 땅에 내려와 그 모습을 지켜보고 크게 노했다. 사람들이 하늘까지 닿는 탑을 세우는 것은 자신에 대한 도전이라고 생각했기 때문이다. 그래서 하느님은 사람들이 쓰는 말을 뒤섞어 서로 알아듣지 못하게 했다.
> 결국 사람들은 서로 오해하며 믿지 못하게 되었고, 도시와 탑을 세우던 일을 그만둔 채 뿔뿔이 흩어지고 말았다. 그때 사람들이 세우려던 도시의 이름이 바로 '바벨'이다.

▲ 우르의 지구라트

 이 이야기에 나오는 바벨은 히브리어로 '신의 문'이라는 뜻인데, 곧 바빌론을 일컫지. 사람들이 쌓으려고 했던 탑이 바로 바벨탑이란다.

 학자들은 바벨탑 이야기가 바빌론에 있었던 지구라트에서 비롯했다고 추측한단다. 지구라트는 하늘의 신과 땅의 인간이 교류하는 종교적 장소였어. 메소포타미아 각지에 있었지. 그중 우르의 지구라트는 7층에 90미터 정도의 높이였고 꼭대기 신전까지 닿는 나선형 계단이 있었대. 현재는 2층만 남아 있지.

 예술가들은 지금은 남아 있지 않은 바벨탑의 모습을 상상해 그림으로 그렸단다. 그중에서 가장 유명한 그림은 네덜란드 화가 대(大) 피터르 브뤼헐의 작품이야.

 브뤼헐의 「큰 바벨탑」을 보면 하늘을 향해 바벨탑이 우뚝 솟아 있고, 그 뒤로는 드넓은 도시가 펼쳐져 있어. 아래쪽에는 왕으로 짐작

되는 사람이 공사 현장을 지휘하고 있는 모습을 볼 수 있지.

그런데 그림을 자세히 보면 탑 공사가 엉망진창이야. 수직으로 똑바로 올라가야 할 탑이 왼쪽으로 기울어 있고, 아래층이 완성되지도 않았는데 위층은 벌써 완성되어 있어. 바벨탑 공사가 실패할 것이라고 암시하는 거야. 구약 성서 이야기를 그대로 반영한 것이지.

바벨탑 이야기에서 살펴볼 수 있듯 인류는 오랜 옛날부터 하늘에 가까이 다가가고 싶어 했어. 그래서 높이, 더 높이 건축물을 쌓아 올리려 노력했단다.

▲ 대(大) 피터르 브뤼헐의 「큰 바벨탑」

인간을 높이 들어 올린 상자

하늘에 닿고 싶어 하는 인류의 욕망은 바벨탑 시절이나 지금이나 다를 바 없어. 그래서 올려다보기 힘들 정도로 하늘 높이 솟은 초고층 빌딩이나 초고층 아파트가 계속 지어지고 있지.

▲ 엘리베이터

고층 건물 하면 제일 먼저 뭐가 생각나니? 뭐, 스파이더맨? 하하 그럴 수도 있겠구나. 이번엔 건물 안을 생각해 봐. 무엇이 고층 건물에서 제일 중요한 것 같니? 바로 엘리베이터야! 고층 건물의 본격적인 역사는 엘리베이터를 발명하면서 시작했다고 해도 틀린 말이 아니야.

한번 생각해 보렴. 높은 건물을 올라갈 때 엘리베이터가 없다면 얼마나 힘들겠니? 요즘은 어디를 가든 엘리베이터를 쉽게 만날 수 있어. 고층 아파트는 물론이고 백화점, 병원, 놀이 시설, 학교 할 것 없이 엘리베이터 덕분에 우리는 아무리 높은 곳이라도 힘들이지 않고 쉽고 빠르고 안전하게 올라갈 수 있지.

엘리베이터는 언제 어떻게 만들었을까 궁금하지 않니? 엘리베이터는 한글로 '승강기'라고 해. 오르내리는 기계라는 의미지. 엘리베이터는 도르래 원리를 이용해 만들었어. 바퀴에 줄을 걸어 당기면 작은 힘으로도 무거운 물체를 들어 올릴 수 있다는 원리지! 도르래를 이용해 깊은 우물에서 물을 두레박으로 길어 올리는 모습을 상상하면 이해하기 쉬울 거야.

물론 처음부터 오늘날 같은 엘리베이터가 있었던 건 아니야. 초창기에는 바구니에 사람을 태우거나 의자에 앉힌 뒤, 바구니나 의자에 밧줄을 매달아 위에서 잡아당기는 형태가 고작이었으니까.

이러한 수동식 엘리베이터는 안전성이 많이 떨어졌어. 위로 올라가는 동안 공중에 대롱대롱 매달려 있기 때문에 자칫 떨어지면 큰 사고를 당할 수 있어 위험했단다.

그러다 1853년 미국의 엘리샤 오티스가 밧줄이 끊어져도 추락하지 않는 안전장치를 발명하면서 엘리베이터 기술은 급속히 발달했지. 이어 1880년에는 독일의 에른스트 베르너 폰 지멘스가 전기로 움직이는 엘리베이터를 개발했단다.

이후 기술이 발달하면서 엘리베이터는 보다 안전해졌고 속도도 훨씬 빨라졌어. 고속 엘리베이터가 개발되면서 건물의 높이도 덩달아 높아졌지. 고층 건물을 보기 힘들었던 1931년, 381미터에 102층 높이를 자랑하며 미국 뉴욕에 지어진 엠파이어스테이트 빌딩만 해도

73개의 엘리베이터를 갖추고 있었단다.

한국에서 엘리베이터는 100여 년의 역사를 가지고 있어. 지금은 한국은행 화폐 박물관인 조선은행 건물에 1910년 화물 운반용 엘리베이터가 처음 설치되면서 한국에서도 엘리베이터의 역사가 시작되었지. 이어 승객용 엘리베이터는 1914년 웨스턴 조선 호텔의 옛 이름인 철도 호텔에 설치되며 처음으로 등장했어.

엘리베이터를 처음으로 설치한 아파트는 1970년대 여의도 시범 아파트와 반포 아파트였단다. 여의도 시범 아파트는 최초의 '단지형' 고층 아파트로도 유명했어. 고층 아파트 단지가 들어서자 증권가 건물과 국회 의사당, 방송국 등도 속속 들어서 지금의 여의도 모습이 되었지.

▲ 여의도

누가 누가 더 높나, 세계의 마천루

오늘날 세계 여러 나라는 '누가 누가 빌딩을 더 높게 짓나' 경쟁을 벌이고 있어. 이를 일컬어 마천루 경쟁이라고 해.

'마천루(摩天樓)'란 '하늘에 닿는 집'이라는 뜻으로 하늘을 찌를 듯이 높이 솟은 고층 빌딩을 가리켜. 요즘에는 50층 이상 혹은 200미터 이상의 높은 빌딩을 마천루라고 하지. 2018년 현재 세계에서 마천루가 가장 많은 나라는 중국이야. 200미터 이상 되는 빌딩이 503채나 되거든. 그다음 미국이 181채로 2위고, 한국은 58채로 4위를 차지하고 있단다.

세계가 고층 빌딩을 지을 수 있게 된 건 산업 혁명 후부터야. 철이 대량으로 생산되고 철근 콘크리트까지 개발된 덕분이었지. 여기에 엘리베이터까지 등장하면

▲ 무너지기 전 세계 무역 센터

서 고층 빌딩 시대가 활짝 열렸어.

1885년 미국 시카고에 10층짜리 빌딩이 지어졌을 때 세계는 깜짝 놀랐어. 지금이야 10층은 높은 축에도 못 끼지만, 그때만 해도 어마어마하게 높은 편이었거든.

그 후 1920~30년대에는 뉴욕을 중심으로 마천루 경쟁이 벌어졌어. 57층짜리 울워스 빌딩, 77층짜리 크라이슬러 빌딩, 70층짜리 록펠러 센터가 모두 이때 생겨났지.

이어 1931년에는 뉴욕에 높이 318미터, 102층짜리 엠파이어스테이트 빌딩이 완공되었어. 「킹콩」이라는 유명한 영화를 통해서도 널리 알려진 이 빌딩은 그 후 약 40년 동안 '세계에서 가장 높은 빌딩'이란 칭호를 유지하며 미국의 자존심을 지켰단다. 하지만 1973년에 110층, 417미터 높이의 세계 무역 센터가 완공되며 왕좌를 내주어야 했지.

2018년 현재 세계에서 가장 높은 빌딩은 아랍 에미리트 두바이에 있는 부르즈 할리파란다. 2010년 828미터 높이에 163층으로 완공되었어. 1층부터 39층까지는 호텔, 40층부터 108층까지는 아파트, 109층 이상은 사무실로 이루어져 있단다. 123층과 124층에는 전망대가 있어서 이곳에서 두바이 전경을 한눈에 내려다볼 수 있지.

부르즈 할리파도 사우디아라비아의 제다 타워에 1등 자리를 내놓아야 해. 2020년에 완공될 이 빌딩은 높이가 1,000미터이거든.

부르즈 할리파 내부 쇼핑몰, 두바이몰 ▼

한편 아파트만 따져 볼 때, 세계에서 가장 높은 건물은 오스트레일리아 골드코스트에 있는 323미터, 78층짜리 Q1 타워야. 하지만 Q1 타워도 곧 1등 자리에서 물러나야 할 처지란다. 인도 뭄바이에 442미터 117층짜리 아파트 공사가 한창이거든.

세계는 왜 이리 마천루 경쟁을 벌이는 걸까? 우뚝 솟은 초고층 빌딩은 멀리서도 눈에 띄어 국력의 상징이 되기 때문이야. 또한 문화와 관광 중심지의 역할을 하기 때문에 나라에 커다란 경제적인 이익을 가져다주기도 한단다.

현재 세계에서 가장 높은 두바이의 부르즈 할리파만 해도, 일 년에 1,000만 명의 관광객이 몰리는 관광 명소가 되었을 뿐만 아니라 할리우드 영화 「미션 임파서블: 고스트 프로토콜」의 촬영지로 이름을 날렸거든. 또한 부르즈 할리파엔 축구장의 60배 크기인 쇼핑몰까지 있어 엄청난 수입을 올리고 있단다.

재미있는 사실 한 가지 알려 줄게. 초기에 마천루 경쟁을 이끌었던 미국은 지금 왜 잠잠할까? 그건 이제 마천루로 국력을 과시할 필요가 없기 때문이야. 미국은 누가 보아도 이미 세계 최강국이잖니.

세계에서 가장 높은 빌딩이 아랍 에미리트에 있고, 마천루가 가장 많은 나라가 중국인 걸 보더라도 현재 마천루 건축에 열 올리는 나라는 선진국으로 인정받고 싶어 하는 나라들이란다.

▼ Q1 타워

서울의 상징이 된 롯데월드타워

1988년 KBS 방송국에서 방영된 「달려라 하니」라는 만화 영화를 들어 본 적 있니? 혹시 모른다면 삼촌이나 고모, 이모에게 물어보렴. 무척 인기 있던 작품이라 분명히 한 사람쯤은 알고 있을 거야.

「달려라 하니」는 어린 나이에 어머니를 여읜 소녀 하니가 온갖 역경을 딛고 달리기 선수로 성장하는 과정을 그린 연작 만화 영화야.

이 작품의 맨 첫 부분에 서울 여의도에 있는 63빌딩이 등장한단다. 한강 변에 우뚝 선 63빌딩을 배경으로 주인공 하니가 열심히 달리기를 하는 모습이 나오거든.

1985년 서울 여의도에 지어진 63층 249미터 높이의 63빌딩은 20년 가까이 한국에서 가장 높은 마천루였어. 1980년대 후반 한국의 경제 성장을 상징하는 빌딩이기도 했지. 「달려라 하니」를 보아도 알 수 있듯, 1980~90년대에 한국 사람들은 서울 하면 63빌딩의 모습을 자랑스레 떠올렸어.

하지만 사실 한국 초고층 빌딩의 역사는 1971년 서울 종로구 관철동에 세워진 삼일 빌딩에서부터 시작되었단다. 31층 110미터 높이의 삼일 빌딩은 그때만 해도 어마어마하게 높은 건물이었어.

삼일 빌딩에 이어 63빌딩이 건축되었고, 그로부터 20년 후에 서울 강남구 도곡동에 '타워팰리스'라는 초고층 아파트 단지가 들어섰어.

타워팰리스는 엄밀하게 말하면 단순한 아파트가 아니라, 한국에서 최초로 건설된 '초고층 주상 복합 단지'란다. 타워팰리스 한 건물에는 사람이 사는 주택과 물건을 사고파는 상점이 함께 들어 있어. 이러한 건물이 7개 동이나 모여 있단다.

타워팰리스는 1999년에 건설을 시작해 모두 1·2·3차로 나뉘어 완공되었어. 이 중 가장 높은 건물이 2004년에 3차로 완공된 73층 265미터 높이의 G동이야.

타워팰리스는 완공되었을 때 높이와 층수만으로도 한국 사람들에게 큰 충격을 주었어. 상점은 물론이고 입주민을 위한 수영장과 연회장, 골프 연습장 등 기존 아파트에서는 찾아볼 수 없는 고급 시설들까지 갖추고 있어 사람들을 더욱 놀라게 했지.

이어서 2011년에는 부산 해운대에 80층 301미터 높이의 두산위브더제니스가 지어졌단다.

해운대 두산위브더제니스는 2018년 현재 한국에서 가장 높은 아파트이자, 세계에서 두 번째로 높은 아파트이기도 해. 앞서 살펴본 오스트레일리아 골드코스트의 Q1 타워 뒤를 바짝 쫓고 있거든.

그렇다면 2018년 현재 한국에서 가장 높은 빌딩은 무엇일까? 바로 서울 송파구 신천동에 있는 롯데월드타워란다.

롯데월드타워는 2016년 12월에 완공되어 2017년에 오픈했어. 전

▲ 롯데월드타워 야경

망대, 고급 사무실, 호텔, 오피스텔, 백화점, 문화 공간 등을 두루 갖추고 있는 복합 건물이란다. 지상 123층, 지하 6층에 555미터 높이로 한국에서는 가장 높은 건물이자 세계에서 5번째로 높은 마천루이지.

특히 롯데월드타워는 까마득한 높이만큼이나 한국적인 아름다움이 자랑이란다. 한국 전통 도자기와 붓을 본떠, 아래에서 위로 갈수록 끝이 점점 좁아지는 독특한 원뿔 모양을 하고 있거든. 완공되자 서울 어디에서나 쉽게 눈에 띄어, 단숨에 서울을 대표하는 상징물로 떠올랐지.

롯데월드타워로 한국은 초

고층 빌딩의 역사를 새로 쓰게 되었어. 100층을 넘긴 한국 최초의 건물이기 때문이야.

하지만 이 역사도 곧 바뀔지 몰라. 현대 자동차 그룹이 서울 강남구 삼성동에 115층 571미터 높이로 현대자동차 글로벌비즈니스센터를 짓겠다며 건축 허가를 신청했거든. 이 계획대로 센터가 완공된다면 롯데월드타워의 기록도 깨질 거야.

앞으로 한국에서도 초고층 빌딩은 물론 초고층 아파트가 계속 지어질 거야. 특히 '초초고층' 아파트는 인기가 점점 높아지고 있단다. 대부분 교통도 좋거니와 생활 편의 시설이 잘 갖추어져 있고, 갑갑한 도심에서 탁 트인 경치도 누릴 수 있기 때문이지.

하지만 마천루 경쟁이 꼭 좋은 일만은 아니라는 견해도 있어. 초고층 빌딩이나 초고층 아파트가 들어서면 근처 땅이 약해질 수 있고, 초고층 건물이 그늘을 만들어 주변에 피해를 줄 수 있기 때문이지. 또 초고층에서 계속 일하거나 사는 것도 건강에는 그리 좋지 않다는 연구 결과도 있단다.

초고층 빌딩과 초고층 아파트를 돌아보고 나니 어떤 기분이 드니? 지금 사는 집이 시시하게 느껴진다고? 꼭 그렇게 생각할 건 없어. 집이라는 게 겉모습만 화려하다고 좋은 건 아니니까.

자, 그럼 이제 마지막 장소를 향해 출발하자꾸나.

옥상 집의 두 얼굴

'옥상'은 건물 꼭대기에 마당처럼 편평하게 만든 공간을 일컬어요. 보통 물건을 보관하는 창고 또는 빨래를 널거나 물탱크 따위를 두는 공간으로 이용해 왔지요.

그런데 요즘엔 옥상을 아주 다양하게 활용하고 있어요. 그 대표적 예가 옥탑방이에요.

옥탑방은 옥상에 지은 집을 뜻해요. 옥상에 사람이 살 수 있도록 살림집을 만든 거예요. 보통 4층짜리 다세대 주택이나 다가구 주택의 집주인이 세입자를 더 많이 받기 위해 지은 경우가 대부분이지요.

옥탑방을 두려면 맨 처음 건축 설계를 할 때부터 계획에 넣고 허가를 받아야 해요. 하지만 처음엔 옥탑방을 두지 않았다가, 나중에서야 집주인이 허가 없이 마음대로 짓는 경우도 많아요. 이런 옥탑방은 불법이기 때문에 함부로 세 들어 사는 건 위험할 수 있어요. 집주인이 보증금*을 돌려주지 않는 등 손해를 볼 수 있거든요.

세를 주기 위해 지은 옥탑방은 대부분 비좁은 데다 시설도 허름해요. 그뿐 아니라 옥상에 있어서 여름엔 햇볕이 그대로 내리쬐어 덥고, 겨울엔 바람을 막기 어려워 춥지요.

------

*보증금 집을 빌려 쓰는 사람이 집을 빌려 쓰는 동안 집주인에게 맡겨 놓는 돈.

생각해 볼 거리

그래서 옥탑방은 다세대 주택이나 다가구 주택의 1~4층에 있는 셋방보다 월세가 싼 편이에요. 그러다 보니 옥탑방에 세 들어 사는 사람도 가난한 청년층인 경우가 많아요.

하지만 옥탑방에 살면 옥상에서 빨래도 손쉽게 말릴 수 있고 밤경치를 내려다보며 즐길 수도 있어요. 옥상에 평상을 놓고 음식을 먹을 수도 있지요. 텔레비전 드라마나 영화에도 옥탑방에 사는 사람들의 이러한 모습이 곧잘 등장해요.

한편 초고층 아파트 가운데 '펜트하우스'가 요즘 아주 큰 인기를 끌고 있답니다. 펜트하우스는 우리말로는 '옥탑집'이라고 할 수 있어요. 옥탑방과 마찬가지로 꼭대기 층에 있는 주거 공간이지요. 펜트하우스는 1920년대 미국에서 초고층 빌딩의 옥상을 주거용 아파트로 설계하면서 등장했어요.

펜트하우스는 호화롭고 전망이 좋은 데다 정원까지 갖추고 있어 최고급 주거 공간으로 손꼽혀요. 그래서 초고층 아파트 중에서도 가격이 가장 비싸답니다.

옥탑방이 '가난'의 상징이라면 펜트하우스는 '부자'의 상징이니, 같은 옥상에 지은 집이라도 참 다르지요?

눈썰매를 타고 가다가 스르르 잠이 들고 말았어. 정말 너무너무 피곤했거든.

그때 산타 할아버지가 나를 흔들어 깨웠어.

"케빈, 어서 일어나렴!"

나는 머리를 긁적이며 얼른 눈썰매에서 내렸지. 그런데 보이는 집들마다 지붕에 바둑판 모양의 웬 널찍한 철판 같은 걸 깔아 놓았지 뭐야?

"지붕에 웬 철판이 있어요?"

내가 묻자 산타 할아버지가 환하게 웃었어.

"하하, 저건 철판이 아니라 햇빛을 받아들이는 태양열 전지판이란다. 자세한 건 선물부터 나눠 주고 이야기해 주마. 이번엔 환경과 미래를 생각하는 집들을 찾아가려고 하거든."

산타 할아버지는 이렇게 말하며 숫자 '7'이 새겨진 열쇠를 들어 올렸어.

나는 속으로 '앗싸!' 하고 외쳤어. 이제 조금만 있으면 집에 돌아갈 수 있을 테니까. 자, 그럼 마지막 일곱 번째 집 이야기 속으로 함께 들어가 보자.

태양의 도시

오스트리아 린츠에 가면 태양으로 에너지를 만들어 쓰는 집을 만날 수 있어. 솔라 시티라는 작은 마을에 있는 집들이지.

'솔라 시티(solar city)', '태양의 도시'라는 말 그대로 이 마을의 집들은 생활에 필요한 에너지의 대부분을 태양으로부터 얻고 있단다. 유럽의 다른 나라에 비해 햇빛이 많이 내리쬐는 오스트리아의 자연환경을 적극적으로 활용한 것이지.

왜 태양에서 에너지를 얻느냐고? 오늘날 우리가 사용하는 에너지는 대부분 석탄, 석유, 천연가스 같은 화석 연료와 원자력으로부터 얻고 있어. 화석 연료는 동물과 식물이 오랜 시간 땅속에서 굳으면서 만들어진 것이고, 원자력 에너지는 원자로라는 장치 안에서 일어나는 핵분열 반응*을 통해서 얻는 에너지이지.

하지만 화석 연료나 원자력을 사용하면 오염 물질이 생겨 여러 가

*핵분열 반응 질량이 무거운 원자핵이 분열해 가벼운 원자핵이 되는 작용. 분열 작용 중 에너지가 나온다.

지 환경 문제가 일어나는 데다 화석 연료는 묻혀 있는 양에도 한계가 있단다. 그래서 세계 여러 나라에서는 환경 문제를 일으키지 않으면서 계속 사용할 수 있는 에너지를 개발하려 애쓰고 있는데 이를 신재생 에너지라고 해.

신재생 에너지는 자연으로부터 얻는 에너지라 깨끗할뿐더러, 아무리 써도 없어지지 않아 계속 쓸 수 있어. 환경은 물론이고 사람에게도 해를 입히지 않아 정말 좋은 에너지이지.

신재생 에너지로는 태양광과 태양열을 이용한 태양 에너지, 바람을 이용한 풍력 에너지, 밀물과 썰물의 차이를 이용하는 조력 에너지, 콩이나 옥수수 등을 이용해 만드는 바이오 에너지, 땅속 지열을 이용하는 지열 에너지 등을 꼽을 수 있어. 이 중에서도 가장 널리 쓰이는 신재생 에너지가 태양 에너지란다.

오스트리아의 솔라 시티는 태양 에너지를 쓰는 대표적인 마을로 세계적으로 유명해. 마을 건물의 지붕마다 바둑판 모양의 태양열 전지판이 설치되어 있어. 창문은 열이 잘 보

▲ 태양열 전지판

존될 수 있게끔 큼직하고 두껍단다.

태양열은 집집마다 설치된 전지판으로 모여. 모인 태양열은 중앙 장치를 통해 가정과 유치원, 관공서 등에 공급된단다. 난방과 온수, 전기까지 태양 에너지를 쓰기 때문에 이곳 주민들은 다른 지역 주민보다 생활비가 훨씬 적게 든다고 해.

한편 2017년 10월 한국에서도 솔라 시티와 비슷한 주택 단지가 등장했어. 서울 노원구 하계동에서 있는 '노원 에너지 제로 주택(EZ House, 이지 하우스)'이야.

에너지 제로 주택이란 에너지 소비를 최소화하는 주택을 뜻해. 태양광 및 지열 등 신재생 에너지를 활용해 건물에 필요한 에너지를 공급하지.

노원 에너지 제로 주택은 건물 벽과 지붕에 설치된 태양열 전지판으로 에너지를 스스로 만든단다. 이 에너지로 난방, 냉방, 온수, 조명, 환기를 할 수 있게끔 설계되었어. 화석 연료를 쓰지 않아 환경 오염 물질이 전혀 배출되지 않지. 또 에너지 절약 기술을 활용해 겨울에는 열이 밖으로 새 나가는 것을 막고, 여름에는 바깥 열이 안으로 들어오는 것을 최대한 차단하도록 설계했단다.

이런 까닭에 노원 에너지 제로 주택은 '한국 최초의 친환경 주택 단지'라는 자랑스러운 이름으로도 불린단다.

느리게 사는 행복

이번엔 전원주택으로 가 볼까?

전원주택은 도시의 변두리, 논밭과 숲이 있는 자연 속에 지은 집을 일컫는 말이란다. 한국의 경우엔 1990년대부터 전원주택이 하나둘 생기기 시작해 2000년대 들어 크게 늘어났지.

그럼 농촌에 있는 집들이 전부 다 전원주택이냐고? 그렇지는 않아. 전원주택은 비록 농촌에 있다 해도 그 지역에서 오랫동안 살아온 주민들이 거주하는 농가 주택과는 성격이 다르거든. 전원주택에는 주로 도시에서 오랫동안 일을 하다가 나이가 들어 직장에서 물러난 은퇴자가 살아. 또는 주중에는 도시에서 활동하고 주말에는 자연이 있는 곳에서 쉬고 싶어 하는 사람들이 산단다.

전원주택이 생겨나기 시작한 데는 크게 두 가지 원인이 있어. 첫 번째는 직장이 모여 있는 대도시 집값이 너무 비싸기 때문이야. 그래서 대도시로 출퇴근 가능한 거리에 집을 짓는 사람들이 늘어났어. 전원주택이 대부분 도시에서 가까운 교외에 자리 잡고 있는 것도 바로 이런 까닭이란다. 실제로 초기의 전원주택은 서울로 출퇴근이 가능한 경기도 양평, 덕소, 용인, 파주 등 서울과 가까운 곳에 지어진 경우가 많아.

전원주택이 생겨난 두 번째 원인은 웰빙(well-being) 바람이 사회 전체에 불었기 때문이란다. '웰빙'이란 정신적으로나 육체적으로나 좀 더 건강하고 여유로우며 행복하게 살고자 하는 생활 방식을 뜻해. 웰빙 바람이 불면서 복잡한 도시의 갑갑한 아파트를 떠나 자연 속에 집을 짓고 살고 싶어 하는 사람들이 늘어난 거야.

전원주택은 대부분 아파트나 연립 주택이 아니라 단독 주택으로 짓는단다. 사람들이 전원주택을 찾는 목적 자체가 '웰빙'을 추구하기 때문이잖아. 그러다 보니 마당도 있고, 푸성귀도 키울 수 있는 조그만 텃밭을 낀 형태로 짓는 것이지.

최근에는 비슷한 단독 주택들이 여러 채 모인 전원주택 단지도 많이 생겨났단다. 예술인촌, 교수촌, 동호회 주택 단지 등이 있지. 비슷한 일을 하거나 서로 뜻 맞는 사람들이 모여 조그만 마을을 이루는 거야.

앞으로 전원주택은 '100세 시대'와 '고령화 사회'를 맞아 점점 더 늘어날 거야. 사람은 나이가 들수록 아파트 같은 답답한 집 대신 탁 트인 자연환경 속에서 여유롭게 살고 싶어 하니까 말이지.

작게 더 작게, 초소형 주택

요즘 한국에서는 '1인 가구'가 빠르게 늘어나고 있는데 혹시 알고 있니?

1인 가구가 혼자서 쓰는 가구를 뜻하는 말이냐고? 그게 아니라 1인 가구는 식구가 한 명인 집안을 말한단다. 부모, 형제나 자녀와 같이 살지 않고 혼자 사는 사람을 가리키지.

1인 가구가 늘면서 한국에서는 요즘 초소형 주택 바람이 거세게 불고 있단다. 혼자 사는 마당에 굳이 많은 돈을 들여 큰 집에서 살 필요가 없잖니. 집값도 만만치 않게 비싼데 말이야.

2018년 현재 한국의 1인 가구는 전체 가구의 28퍼센트나 되는 539만여 가구란다. 네 가구 중 한 가구가 1인 가구인 셈이니 정말 많은 편이지?

1990년에 1인 가구 비율이 9퍼센트였던 것에 비하면 30년도 안 되어 거의 세 배 이상이나 많아진 거야. 또 2010년 414만 가구와 비교하더라도 30퍼센트나 늘어났지. 나아가 2025년에는 세 집 가운데 한 집이 1인 가구가 될 것이라 전망하고 있단다.

이렇게 1인 가구가 많아지는 이유는 무엇일까? 그건 우선, 혼자 살기를 원해 결혼을 아예 하지 않거나 결혼을 늦게 하는 사람들이 늘어났기 때문이야.

예전에는 20대 후반이나 30대 초반에 결혼하는 게 보통이었어. 하지만 요즘은 직장도 구하기 어렵고 집값은 워낙 비싸고 물가도 너무 높으니 젊은이들이 결혼에 큰 부담을 느끼게 되었지. 결혼 비용도 한두 푼이 아니고 가정을 꾸릴 여건을 갖추기도 힘들기 때문이야.

너희 주변에도 결혼하지 않거나 결혼을 미루고, 싱글로 살아가는 삼촌이나 이모, 고모가 있을 거야. 이러한 젊은이들은 대부분 부모로부터 독립해 '나홀로족'으로 살아가는 경우가 많지.

1인 가구가 빠르게 늘어나는 또 하나의 원인은 혼자 사는 노인의

▲ 에콰도르의 장수 마을, 빌카밤바

수가 늘어난 까닭도 있어. 의학 기술 발달로 수명이 늘어나 전체 인구에서 노인의 비율이 높아졌는데 노인을 돌볼 젊은이는 상대적으로 부족해졌거든. 자녀를 결혼시키거나 독립시키고, 배우자가 세상을 떠난 후 홀로 지내는 노인들도 많아지고 있고.

이 밖에도 직장과 학교 사정으로 가족과 떨어져 혼자 사는 인구도 점점 늘어나고 있어.

이처럼 이런저런 이유로 1인 가구가 크게 늘어나면서 주택을 사고 파는 부동산 시장에서도 초소형 아파트가 많이 거래되고 있다고 해.

초소형 아파트는 전용 면적* 60제곱미터(18평) 이하인 소형 아파트 보다 더 작은, 전용 면적 40제곱미터(12평) 이하 아파트를 가리킨단다. 방 한두 개와 욕실 한 개로 이루어져 혼자 살기에 알맞은 집이지. 이런 수요를 반영해 건설 회사도 초소형 아파트나 오피스텔을 점점 더 많이 짓는 추세야.

초소형 아파트 유행은 꼭 한국만의 일은 아니란다. 세계에서 집값이 비싸기로 유명한 홍콩의 경우 13제곱미터(4평)짜리 초소형 아파트가 등장했어. 90여 채가 하루 만에 다 팔려서 화제를 모았지.

또 미국 뉴욕시는 2012년부터 정책적으로 초소형 아파트를 보급

***전용 면적** 아파트 등의 공동 주택에서 계단, 엘리베이터 등 입주자들이 같이 쓰는 공간을 제외한 나머지 공간의 바닥 면적.

하고 있고, 일본에서는 작은 공간을 편리하고 효율적으로 이용할 수 있게 지은 '콤팩트 하우스'가 인기라고 해.

요즘은 초소형 아파트뿐 아니라 초소형 주택도 적지 않게 볼 수 있어. 건물과 건물 사이의 좁은 공간이나 골목 모퉁이 등에 지은 틈새 주택이 대표적 예야.

또한 껍질을 쪼갰을 때 두 개의 알맹이가 나오는 땅콩처럼, 작은 땅에 두 가구가 살 수 있게 지은 땅콩집도 초소형 집이라고 할 수 있단다.

▲ 땅콩집(듀플렉스 하우스)

똑똑한 집, 스마트 홈

이제 마지막 집 이야기를 들려줄 때가 되었네. 바로 '스마트 홈' 이야기야.

'스마트 홈(Smart Home)'은 말 그대로 '똑똑한 집'이란다. 텔레비전, 냉장고, 세탁기 같은 가전제품과 도어록, 감시 카메라 등의 보안·경비 시설, 수도, 전기, 가스, 냉난방, 조명 등의 장치 등 집 안에 있는 모든 사물들을 사용자가 언제 어디서나 손쉽게 관찰하고 제어할 수 있는 시스템을 뜻해.

아직 잘 모르겠다고? 좋아, 스마트 홈에 살면 일어나서 잘 때까지 어떤 일이 일어나는지 자세히 알려 줄게. 네가 스마트 홈에 사는 직장인이라 상상해 보렴. 스마트 홈에서는 네가 아침에 일어나는 시간에 저절로 음악이 흐르고 커튼이 열릴 거야. 부엌의 커피 머신에서는 커피가 자동으로 나와 커피 잔에 담겨.

출근하느라 바빠 급히 집을 나와도 인터넷으로 집과 연결해 거실 불을 끄면 돼. 일하는 동안에도 식기세척기와 세탁기를 작동시키고 로봇청소기에 청소도 시킬 수 있지.

이제 퇴근할 시간이야. 집에 들어가기 전 난방 시스템을 작동시켜 집 안을 미리 따뜻하게 해 놓는 편이 좋겠지. 아무리 일이 바빠도 건강은 챙겨야 해. 스마트 홈의 건강 모니터링 시스템이 있으면 병원에

가지 않고도 건강 상태를 체크할 수 있단다.

스마트 홈은 인공 지능(AI)과 사물 인터넷(IoT) 기술이 눈부시게 발달하면서 가능해진 집이야. 인공 지능이란 사람처럼 학습하는 능력, 생각하는 능력, 말하는 능력 등을 갖춘 컴퓨터나 로봇을 뜻해. 사물 인터넷은 각 사물에 붙어 있는 센서로 사물들끼리 서로 필요한 정보를 주고받는 기술을 의미하지.

물론 스마트 홈이 나오기 전에도 '홈오토메이션(home automation)'이란 것이 있었어. 집 안 유선 네트워크를 통해 주로 가전제품을 제어하는 시스템이었지. 스마트 홈은 홈오토메이션보다 훨씬 발전한 시스템이란다. 집 안의 가전제품을 통제할 뿐 아니라 실내 습도와 온도를 조절하고 가족 구성원의 건강까지 관리할 수 있게 발전했지.

스마트 홈의 장점은 언제 어디서나 집을 손쉽게 관리할 수 있고, 에너지를 절약할 수 있다는 거야. 또 집 안의 모든 시설과 가전제품을 멀리서도 통제할 수 있어 화재나 전기가 새는 사고, 도둑의 침입으로부터도 안전하단다.

한 글로벌 조사 기관에 따르면, 미국만 해도 스마트 홈을 사용하는 가정이 2017년 5.8퍼센트에서 2018년 18퍼센트로 세 배 이상 늘어날 것이라고 해.

물론 스마트 홈이라고 해서 다 좋은 것은 아니야. 정보 통신 기술로 집을 관리하는 시스템이기 때문에 보안을 위해 설치한 시스템이 해킹당할 수도 있기 때문이지. 집이란 사생활이 보장되어야 하는 공간인데 해킹을 당한다면 큰 문제가 생기겠지?

세계의 집 이야기는 여기서 끝이야. 어린이들에게 선물을 나누어 주기 위해 마지막으로 찾은 집이 바로 스마트 홈이거든. 스마트 홈보다 더 미래 집에 사는 아이들도 보고 싶지만 시간이 다 됐네.

하하, 시간이 있어도 힘이 없다고? 그럴 만도 하지. 우리가 다닌 나라만 해도……, 어휴. 이제 집으로 가서 푹 쉬어야겠지? 세계의 집 집을 돌아다니느라 정말 고생했어.

집이 건강해야 사람도 건강하다!

새집 증후군, 겪어 본 적 있나요?

여기서 '새집'이란 '새로 지은 집'을 뜻해요. 새집 증후군이란 새로 지은 집으로 이사한 뒤에 불쾌한 느낌을 받거나 몸에 이상한 증상이 나타나는 것을 말하고요. 새집에 들어가 살다 보면 목이 따끔거리고 머리와 눈이 아프거나 숨쉬기 힘들기도 해요. 천식이나 비염, 피부염 같은 병이 날 수도 있지요.

이런 증상이 생기는 까닭은 집을 지을 때 쓰는 시멘트나 콘크리트는 물론이고 벽지나 페인트, 새 가구 등에서 몸에 해로운 화학 물질이 나오기 때문이에요. 해로운 물질을 집 밖으로 내보내지 못하면 갖가지 문제가 일어나지요.

그래서 새로 지은 집에 입주할 때는 미리 보일러를 켜서 3일에서 2주 정도 실내 온도를 높여 주는 게 좋아요. 벽지나 바닥재, 가구 등에 배어 있는 화학 물질을 뽑아내기 위해서지요. 또 창문을 열어 환기를 자주 해 주고, 공기를 깨끗하게 해 주는 공기 정화 식물을 배치해도 좋답니다.

한편 새집 증후군과는 반대로 '헌 집 증후군'이라는 것도 있어요. '병든 집 증후군'으로도 불리는 헌 집 증후군은 오래된 집에서 나오는 오

생각해 볼 거리

염 물질 때문에 여러 가지 병이 생기는 현상을 가리켜요. 습기 찬 벽에 낀 곰팡이, 낡은 배수관에서 나오는 해로운 가스, 커튼·침대·이불에 붙은 세균과 진드기 등은 기관지염이나 두통, 천식, 알레르기, 피부염 등을 일으키거든요.

헌 집 증후군을 막으려면 창문을 자주 열어 실내 공기를 깨끗하게 해 주고, 제습기로 습기도 없애 주어야 해요. 또 낡은 배수관은 새것으로 바꿔 주세요. 당장 바꾸기가 힘들다면 물을 쓰지 않을 때는 항상 배수구 마개를 닫아 두는 게 좋답니다. 커튼과 이불도 자주 세탁해 햇빛에 말리고, 침대 매트리스도 아래위를 자주 바꿔 주고 햇빛에 소독해 주어야 하지요.

공기를 깨끗하게 해 주는 공기 정화 식물을 키우는 것은 헌 집을 건강하게 하는 데도 좋답니다.

새집이건 헌 집이건 집이 건강하지 않으면 그곳에 사는 사람들도 건강을 해칠 수 있어요. 집이 건강해야 사람도 건강할 수 있다는 사실을 잊지 말고, 늘 건강한 집을 만들기 위해 노력해요.

소중한 집, 소중한 가족

스마트 홈 아이들에게 크리스마스 선물을 다 나눠 주고 나니, 어느새 어둠이 걷혀 가고 있었어.

나는 산타 할아버지에게 말했어.

"할아버지, 이제 저희 집으로 데려다주실 거죠?"

그런데 산타 할아버지가 눈을 둥그렇게 뜨는 게 아니겠어?

"케빈, 처음에 했던 약속을 잊은 게냐? 데려다주는 데 조건을 붙였을 텐데?"

그제야 간밤에 산타 할아버지가 했던 말이 생각났어. 할아버지가 들려주는 집 이야기를 열심히 듣고, 뭔가를 깨달아야지만 집으로 데려다준다고 했던 그 말이.

"아, 알아요. 산타 할아버지가 해 주신 집 이야기는 정말 열심히 들었어요. 그런데 뭘 깨달아야 하지요?"

내 말에 산타 할아버지가 어이없다는 표정을 지었어.

"그걸 나한테 물어보면 어쩌자는 거냐? 스스로 깨달아야지."

나는 너무 당황스러웠어. 밤새 눈썰매를 타고 다녀 피곤하기만 할 뿐, 아무리 생각해도 특별히 깨달은 게 없었거든. 나는 큰일 났다 싶어 울상을 지었지.

"깨달은 게 없으면 집에 안 데려다주실 거예요? 전 여기가 어딘지도 모르는데 어떻게 집에 가죠? 얼른 집으로 가고 싶단 말이에요."

"음, 어쩔 수 없구나. 그래, 좋다! 묻는 말에 대답만 잘하면 집에 데려다주마. 네 덕분에 아이들 선물도 다 나누어 주었으니 나도 너를 도와야지."

나는 비로소 마음이 놓였어. 그러면 그렇지, 크리스마스마다 착한 아이들한테 선물을 나눠 주는 산타 할아버지인데 나를 골탕 먹일 리는 없잖아.

"우아, 진짜요? 그럼 얼른 물어보세요. 제가 잘 대답해 볼게요. 너무 어려운 건 아니겠죠?"

그러자 산타 할아버지가 질문을 시작했어.

"케빈, 너 진짜로 집에 가고 싶은 게냐?"

"네."

"그건 왜지?"

"밤새 돌아다녀서 피곤하니까 집에서 편히 쉬고 싶고, 또 가족들도 보고 싶어서요."

산타 할아버지는 고개를 갸우뚱했어.

"집에서 편히 쉬고 싶은 건 알겠는데, 가족들이 보고 싶다니 이해가 안 되는구나. 어젯밤만 해도 가족이 몽땅 사라지게 해 달라고 소원을 빌어 놓고서……. 집에서 너 혼자 살고 싶다고도 하지 않았니?"

말문이 턱 막혔어. 산타 할아버지 말에 틀린 게 없잖아. 그래서 잠시 생각하다가 시무룩이 대답했지.

"어제 그러긴 했어요. 하지만 그건 가족들이 저를 속상하게 해서 아주 잠깐 그런 생각을 한 것뿐이에요."

"그 말을 믿어도 되겠니?"

"그럼요. 힘들고 피곤하니까 집도 가족도 더 그리운걸요!"

그러자 산타 할아버지가 빙그레 웃었어.

"그거다, 케빈! 내가 너한테 듣고 싶었던 대답이 딱 그거란다. 오랫동안 힘든 여행을 하고 나니, 집과 가족이 얼마나 소중한지 이제 알겠지?"

"네, 산타 할아버지!"

나는 고개를 크게 끄덕였어. 산타 할아버지 말이 딱 맞았거든.

"자, 그럼 케빈 집으로 갈까? 루돌프, 어서 출발하자꾸나!"

나는 얼른 눈썰매에 올라탔어. 루돌프는 산타 할아버지와 나를 태운 채 새벽하늘을 쓩 날아갔지.

집 앞에 도착하자 산타 할아버지가 나를 꼭 껴안아 주었어.

"케빈! 네 덕분에 이번 크리스마스는 하나도 힘이 안 들었다. 정말 고맙구나."

나는 고개를 가로저었어.

"아니에요, 제가 더 고마워요. 산타 할아버지 덕분에 눈썰매 타고 밤하늘도 날고, 세계의 집들도 엄청 많이 구경했잖아요. 루돌프, 너도 고마워!"

루돌프가 나를 향해 한쪽 눈을 찡긋했어. "케빈, 고생했어. 다음에 또 만나!"라고 하는 것 같았지.

산타 할아버지도 빙긋이 웃었어.

"그리 말해 주니 고맙구나. 우린 시간이 없어 이만 갈 테니, 어서 집에 들어가렴."

그러고서 산타 할아버지는 내 대답을 듣지도 않고 루돌프와 함께 바쁘게 가 버렸어. 그러고 보니 어느새 먼동이 트며 날이 밝아 오고 있었어.

나는 산타 할아버지와 루돌프에게 손을 흔들어 주고 집으로 들어갔지. 그런데 집 안이 온통 조용하지 뭐야?

아직도 가족들이 돌아오지 않았나 해서 가슴이 철렁했어. 영영 가족들이 사라진 건 아닌가 걱정도 됐지. 그래서 발소리를 죽인 채 방문을 열어 보며 방방이 돌아다녔어.

웬걸! 엄마 아빠와 형들, 누나들은 모두 새근새근 자고 있었어. 나는 휴우, 하며 가슴을 쓸어내렸어. 그러곤 살금살금 내 방으로 들어가 책상맡에 가만히 앉았어.

　가슴이 뿌듯했어. 산타 할아버지와 세계의 집들을 구경하고 와서 집에 대해 많은 것을 알게 되었잖아. 집이란 단순한 건축물이 아니라, 가족과 함께 사는 소중한 보금자리라는 것도 새삼 깨달았고.

　이따가 엄마 아빠와 형들, 누나들이 일어나면 쑥스럽지만 이렇게 말해 볼래.

　"엄마 아빠 사랑해요! 형들, 누나들도!"

참고 자료

〈단행본 등〉

경향신문 특별취재팀, 『어디 사세요?』, 사계절, 2010.
노버트 쉐나우어, 『집. 6000년 인류 주거의 역사』, 다우출판사, 2004.
마크 쿠시너, 『미래의 건축 100』, 문학동네, 2015.
박유상, 『집과 건축 이야기 33가지』, 을파소, 2009.
서윤영, 『꿈의 집 현실의 집』, 서해문집, 2014.
서윤영, 『세상을 바꾼 건축』, 다른, 2016.
서윤영, 『집에 들어온 인문학』, 들녘, 2014.
신영훈, 『우리가 정말 알아야 할 우리 한옥』, 김대벽 사진, 현암사, 2000.
심용윤, 『스마트 생태계』, 커뮤니케이션북스, 2015.
임석재, 『유럽의 주택』, 북하우스, 2014.
장박원·이유진, 『아파트 문화사』, 네이버 캐스트 연재물, 2009.05.18.~2009.11.23.
전남일, 『집』, 돌베개, 2015.
존 니콜슨, 『손수 지은 집』, 현암사, 2008.
카레리나 라차리, 『인류의 집』, 실비아 마우리 그림, 그린북, 2016.

〈인터넷 사이트〉

국토교통부 어린이·청소년 마당	http://kids.molit.go.kr
네이버 지식백과	http://terms.naver.com
두피디아	http://www.doopedia.co.kr
서울특별시 도시계획국	http://urban.seoul.go.kr
한국민족문화대백과사전	http://encykorea.aks.ac.kr
한국해비타트	http://whdkorea.tistory.com
Daum 백과	http://100.daum.net
YOUNG HYUNDAI	http://blog.naver.com/0hyundai

사진 출처

17쪽	홍수 아이 복원 동상 ⓒ연합포토
59쪽	선교장 ⓒ연합포토
80쪽	1930년대에 지어진 '홍난파 가옥' ⓒ양병남
86쪽	오스티아 인슐라 ⓒJean-Pierre Dalbera(위키미디어 공용)
87쪽	오스티아 인슐라 내 에로스와 프시케 조각 ⓒMarie-Lan Nguyen(위키미디어 공용)
107쪽	우르의 지구라트 ⓒMichael Lubinski(위키미디어 공용)
113쪽	무너지기 전 세계 무역 센터 ⓒJeffmock(위키미디어 공용)
128쪽	태양열 전지판 ⓒEmilio J. Rodriguez Posada(위키미디어 공용)
그 외 사진	퍼블릭 도메인, ⓒshutterstock